LICHTSCHLAG 39

LICHTSCHLAG 39

Umschlag: Lichtschlag Medien Düsseldorf
Printed in Germany.

ISBN: 978-3-939562-61-0

POLITIK IST NICHT DIE LÖSUNG

Die Geschichte der Libertarian Party bis zum Showdown zwischen Trump und Clinton

Dominik Ešegović

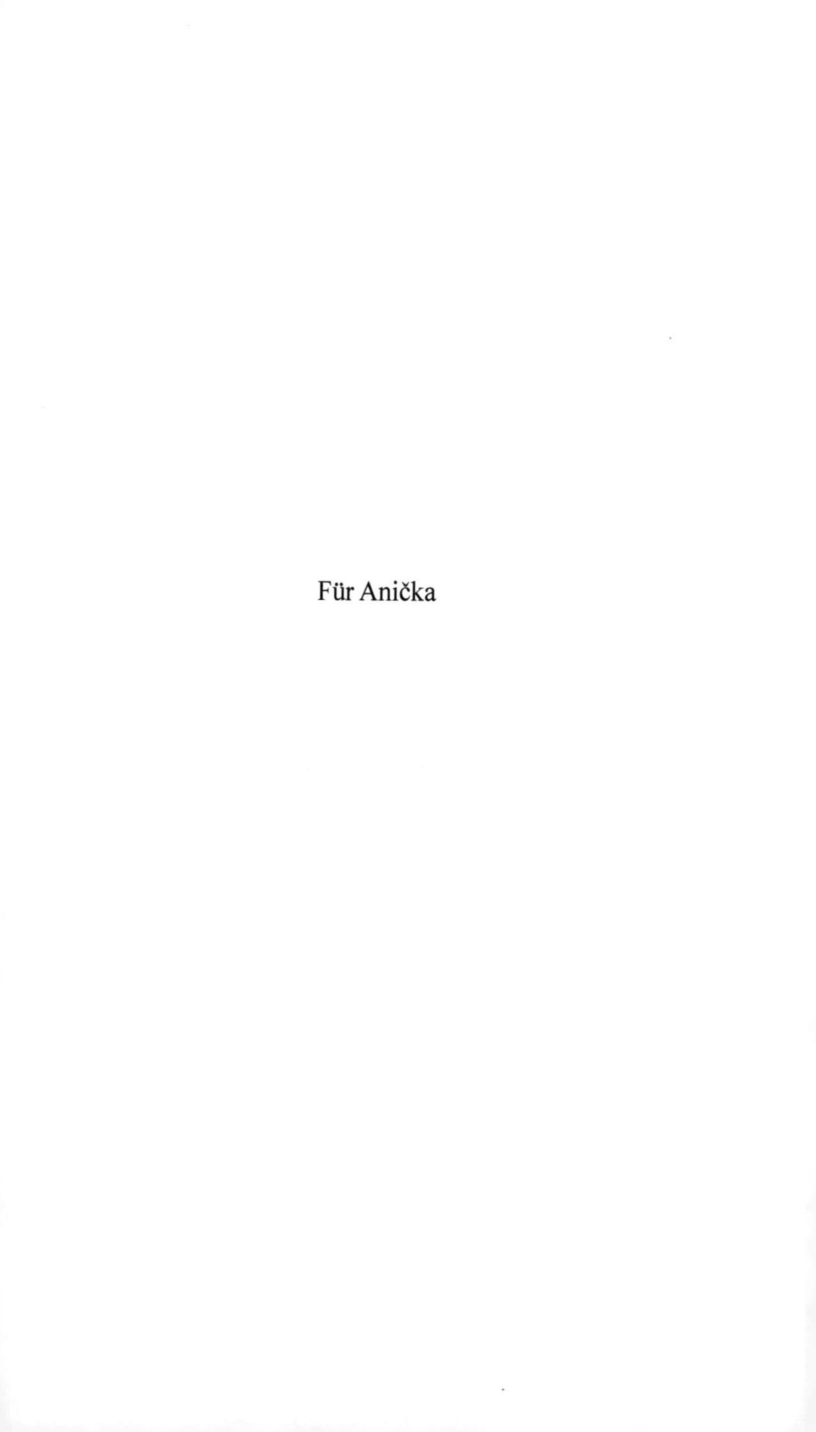

Für Anička

Inhaltsverzeichnis

Danksagung

Am Anfang war das Naserümpfen. Das vorliegende Büchlein begann als Artikel, den ich über den republikanischen Präsidentschaftskandidaten Donald Trump verfasst habe. Die Charakterisierung des bald greisen Nachwuchspolitikers als „Anti-Establishment-Kandidat" löste bei mir unverhohlene Verwunderung aus. Zu viel wusste ich über den New Yorker Möchtegernpräsidenten und zu viel lag aber auch im Unklaren, als dass ich dem politischen Chamäleon Trump diesen Ehrentitel gegönnt hätte. Also schickte ich meine verschriftlichte Analyse des Politikers, in den auch so viele Libertäre ihre Hoffnungen gesetzt hatten, an den Urheber dieser kreativen Wortschöpfung, die auf meiner Stirn irreversible Falten hinterlassen hatte. Der Empfänger meines Aufsatzes zeigte sich von meinem frevelhaften Text nicht etwa gekränkt, sondern lud mich ein, auch meine Sicht der anderen beiden prominenten Präsidentschaftsanwärter öffentlich kundzutun. Nun befinden sich die Artikel über „Hillary Clintons Wahlhelfer" (*eigentümlich frei 163* und die beiden anderen Texte zur demokratischen und libertären Alternative in diesem Sammelband. Wer die Aufsätze in ihrer Urfassung bereits gelesen hat, weiß, dass sie keinem wissenschaftlichen Stil folgen. Umso mehr habe ich mich aber um gute Lesbarkeit bemüht.

Was als Analyse eines republikanischen Wahlkämpfers begann, endete schließlich als Anhang zu dieser nun vorliegenden Geschichte der Libertarian Party. Viele Größen der libertären Bewegung entsprangen der Republikanischen Partei und trugen zu ihrer Entstehung bei. Manche „Libertäre" wie der Präsidentschaftskandidat Bob Barr aus dem Jahr 2008, sind inzwischen wieder zu ihr zurückgekehrt. Andere Freiheitliche, wie beispielsweise Yuri Maltsev, die parteilos geblieben sind, finden im schrillen Konkurrenten der Demokraten im jüngsten US-Wahlkampf eine, so Maltsev, „grelle libertäre Sonne, die aus allen Fenstern auf uns herabscheint – wie aus einem Roman Ayn Rands und aus Murray Rothbards Träumen". Wiederum andere, die sich vom Trump-Fieber nicht haben anstecken lassen, sehen in der Libertarian Party und damit in der Parteipolitik eine Hoffnung auf eine bessere Zukunft. Manches in diesem Buch wird den ein oder anderen vielleicht zum Nachdenken anregen.

Ich danke André F. Lichtschlag für sein Angebot und sein an Naivität grenzendes Vertrauen, meine bescheidenen Beiträge zur US-Präsidentschaftswahl 2016 als Buch – und nun als kleine libertäre Geschichte – herauszugeben. Ulrich Wille und Martin Moczarski sei jeweils für ihre stählerne Geduld und maßlose Kreativität meine Hochachtung ausgesprochen. Ein herzliches „Thank you" sei an Herrn Professor Walter Block gerichtet, der auf E-Mails schneller antwortet, als manche für das Auffinden der Eingabetaste benötigen.

Danken möchte ich auch meinen Eltern, die mich in Abwesenheit eines zentralen Plans in die Welt gesetzt und mich seither immer unterstützt haben – ohne je wirklich zu ergründen, was ich eigentlich mache. Ich danke auch meiner Schwester und meinem Schwager, die bezüglich meiner Tätigkeiten stets aufrichtiges Interesse geheuchelt und manchmal sogar mehr an mich geglaubt haben als ich selbst. Ich danke allen meinen Freunden und Unterstützern, die sich gerade darüber wundern, dieses Buch zu so günstigen Konditionen erworben zu haben. Für etwaige Fehler und Mängel ist einzig und allein Martin Moczarski verantwortlich.

Prag, September 2016

Einleitung

„Guten Abend“ begrüßt der Moderator des Fernsehsender CBS die Zuschauer der neunten republikanischen Präsidentschaftsdebatte vor den Fernsehschirmen. „An diesem Feiertagswochenende, an dem wir Amerikaner unseres ersten Präsidenten gedenken, wollen wir sechs Männer zu Wort kommen lassen, die hoffen, der 45. Präsident zu werden.“ Bevor der Moderator die Kandidaten auf die Bühne bittet, erinnert er sein Publikum: „George Washington schrieb, dass die Wahrheit letztendlich obsiegen werde, wo Anstrengungen unternommen würden, diese ans Licht zu bringen. Wir hoffen, ein wenig klärendes Licht auf die Positionen der Kandidaten zu werfen, um den Wählern zu helfen, ihre Entscheidung zu fällen.“ Neben Donald Trump, der sich rechts vom Texaner Ted Cruz in zentraler Position befindet, stehen noch die beiden Floridenser Jeb Bush und Marco Rubio, sowie John Kasich und Ben Carson – wie der Rest in dunklen Anzügen – auf der Bühne. Interessanterweise wurde der pensionierte Neurochirurg Carson erst am 12. Februar 2016, also einen Tag vor der eigentlichen Debatte, die landesweit ausgestrahlt wird, offiziell eingeladen. Der Veranstaltungsort, das Peace Center in Greenville, South Carolina, bietet neben politischen Veranstaltungen auch Platz für klassische Konzerte, Broadway-Musicals und Aufführungen von Künstlern wie dem Starzauberer David Copperfield.

Nach ein paar rührenden Worten der Kandidaten zum verstorbenen Verfassungsrichter Antonin Scalia richtet der Moderator die erste Debattenfrage an „Mr. Trump“. „Sie haben gesagt, als Präsident werden Sie richtig Gas geben. Sie würden mehr wissen als Ihre Experten. Nun sind Sie gewählter Präsident. Es ist Ihr erster Tag im Situation Room. Welche drei Fragen stellen Sie Ihren nationalen Sicherheitsexperten über die Welt?“ Trump beantwortet die Frage mit einem Satz: „Was wollen wir machen, wann wollen wir es machen, und wie hart wollen wir es machen? Weil wir nämlich richtig hart zuschlagen müssen, um den IS auszuknocken.“ Trump fährt fort und diskutiert die Situation in Syrien und mögliche Allianzen. Russland komme dabei in Frage. Der Atomdeal mit dem Iran sei eine „Schande“ gewesen – „einer der schlechtesten Deals, die ich je in meinem Leben gesehen habe“. Mit einem Präsidenten Trump wäre der Nahe Osten niemals in derartige Bedrängnis geraten: „Ich bin der einzige auf der Bühne, der gesagt hat: ‚Zieht nicht in den Irak. Greift den Irak nicht an.‘“ Und er habe auch schon vor drei, vier Jahren gesagt: „‚greift das Öl an, nehmt den Reichtum mit, greift das Öl an und behaltet das Öl!‘ Sie haben nicht auf mich gehört. Die haben damit erst vor ein paar Monaten angefangen.“ Trump erntet Applaus für seine Bemerkung, die USA hätten den Wohlstand einer fremden Nation rauben sollen. Nach der Außenpolitik wurde Inlandsraub zum Thema der Debatte. Der ehemalige Gouverneur Floridas, Jeb Bush, kritisierte John Kasich für seine unsolide Haushaltsführung: „Die Bewohner South Carolinas sollten das wissen, weil das Cato Institute, das Gouverneure nach ihren Ausgaben bewertet, ihn (Kasich) auf den letzten Platz verweist." Als Ben Carson nach seiner Sicht zur Steuerpolitik gefragt wird, sagt er: „Nun, lassen Sie mich dazu etwas sagen. ‚Bencarson.com', lesen Sie da nach. Meine Steuervorschläge wurden gelobt: von Cato, dem ‚Wall Street Journal'…" Und da war es wieder. Das Cato Institute – in aller Selbstverständlichkeit in die Debatte geworfen wie die Begriffe „Haushaltsdefizit", „Medicaid" oder „Morgan Stanley". Doch was hat es mit dem ominösen Institut auf sich, auf dessen Meinung sich anscheinend besonders republikanische Anwärter auf den Präsidentschaftsposten etwas einbilden?

Eine kleine Geschichte der libertären Partei

„Nun bin ich ein Keynesianer“, erklärte Richard Nixon im Januar 1971 und löste damit im Weißen Haus eine Flut von Briefen entrüsteter Konservativer aus. Der republikanische Präsident hatte ein keynesianisches „Vollbeschäftigungsbudget“ verabschieden lassen. Höhere Ausgaben waren vorgesehen, um die steigende Arbeitslosigkeit zu bekämpfen. Ein Kongressabgeordneter aus Nixons Partei sicherte dem Präsidenten seine eingeschränkte Unterstützung für die Verschuldungspolitik zu. Er müsse aber einen Haufen alter Reden verbrennen, in denen er sich noch gegen den Verschuldungszirkus ausgesprochen hatte. Nixon bekannte lapidar: „Ich sitze da im selben Boot.“ Die amerikanische Wirtschaft befand sich seit Jahren im Sinkflug. Die USA starteten das Jahrzehnt in eine Rezession versunken und versuchten, mit einer Verschuldungspolitik das Problem zu lösen. Hohe Inflation traf auf hohe Arbeitslosigkeit. Um das grüne Schwundgeld loszuwerden, sammelten Zentralbanken weltweit immer größere Goldvorräte an. Bedrohlich für Uncle Sam: Der Goldpreis war auf 35 Dollar pro Unze festgesetzt. Nixon fehlte es völlig an der nötigen Sensibilität für das internationale Finanzgefüge. Als ein Berater ihn über die Turbulenzen der italienischen Währung informierte, schnaubte er: „Die Lira ist mir scheißegal.“ Was ihm aber nicht egal war, waren die Arbeitslosenzahlen und die Aussicht, im nächsten Jahr wiedergewählt zu werden.

Zu Nixons engsten Beratern zählte der Chef der US-Notenbank, Arthur Burns. Burns war Ökonomieprofessor an der New Yorker Columbia-Universität gewesen, bis er von Präsident Eisenhower zum Vorsitzenden des Rats der Wirtschaftsberater ernannt wurde. Seine damalige Berufung nach Washington war ein Segen für den jungen Doktoranden Murray Rothbard, der mit seiner Arbeit zur Finanzgeschichte der USA aus österreichischer Sicht beim erklärten Inverventionisten Burns auf Ablehnung stieß. Obwohl Murrays Doktorvater Burns ein guter Freund der Familie Rothbard war und schon früher auf den kleinen Genius aufpassen durfte, stießen bei ihm die schrillen marktanarchistischen Thesen des jungen Ökonomen auf wenig fruchtbaren Boden. Zwar setzte der Professor aus New York auch als Fed-Chef auf die korrigierenden Hände von Vater Staat, jedoch weigerte er sich zunächst, der von Nixon geforderten Inflationspolitik zuzustimmen. „Der Druck, den Nixon auf ihn ausübte, war unglaublich“, offenbarte Jahre später der Sohn des verstorbenen Notenbankers. Bereits Ende 1970 sah sich Burns gezwungen, sich öffentlich für die Gründung eines Rates auszusprechen, der Richtlinien zur Lohn- und Preispolitik vorgeben sollte. Sein Schüler Milton Friedman war entsetzt. Er schrieb seinem Mentor einen scharfen Brief, der ihn für immer seine Freundschaft kosten sollte. Die Lage erschien mittlerweile fast aussichtslos. Die amerikanischen Goldvorräte waren auf zehn Milliarden Dollar zusammengeschmolzen – etwa halb soviel wie noch zehn Jahre zuvor.

Im April und Mai 1971, als der Dollar auf dem Währungsmarkt massenweise durch die D-Mark abgelöst wurde, schritt Washington ein. Deutschland wurde gezwungen, fünf Milliarden Dollar zu kaufen, um die labile US-Währung zu stützen. Der politische Druck aus Washington half aber nichts. Die Märkte hatten bereits gesprochen. Ihr Urteil fiel nicht gerade zugunsten der grünen Inflationswährung aus. In der zweiten Augusthälfte 1971 erschien der britische Botschafter im amerikanischen Finanzministerium. Seine Forderung: Washington solle doch bitte drei Milliarden Dollar – britische Devisen – in Gold umtauschen. Das amerikanische Finanzfass war nun endgültig am Überlaufen. Zwischen dem 13. und 15. August tagte Nixon zusammen mit 15 Beratern in Camp David. Ernster als militärische Überlegungen in Indochina, die Situation im Nahen Osten oder russische Atomraketen im Golf von Mexiko erschien das Thema, das damals auf der Tagesordnung stand: die Zukunft der amerikanischen Währung und des internationalen Finanzsystems. Das Ergebnis der Tagung trug dieselbe Bezeichnung, die sich Lenin schon ein halbes Jahrhundert zuvor für seine Reform überlegt hatte: „Neue Ökonomische Politik“. Der Unterschied zwischen den gleichnamigen Vorstößen lag in einem kleinen Detail begründet: Während die Sowjets damals zu einer goldgedeckten Währung zurückkehrten, sagte sich Washington ein für allemal von ihr los. „Was für eine Tragödie für die Menschheit“ schrieb Fed-Chef Burns in sein Tagebuch. Er war hilflos. Eine Zeitenwende war angebrochen.

David Nolan hatte ein paar Freunde bei sich zu Besuch. Unflätige Worte zischten durch Nolans Wohnzimmer, als Nixon im dritten Kanal seinen Maßnahmenkatalog vortrug: Um sich gegen gierige Währungsspekulanten zu schützen, würde die US-Regierung „zeitweise" (!) die Konvertibilität des Dollars gegen Gold einstellen. Preise und Löhne würden ebenso temporär festgezurrt. Um sich gegen „unlauteren" Wettbewerb zu wehren, würde eine zehnprozentige Steuer auf alle importierten Waren erhoben. Diese Maßnahmen, so der Präsident, würden dazu dienen, die US-Währung zu stabilisieren und Arbeitsplätze zu erhalten. Nolan und seine Freunde waren außer sich. Zwar hatten sie mit ihrer libertären Gesinnung mit nicht vielem Freude, was die Regierung tagtäglich so verabschiedete, doch das ging einfach zu weit. Nolan selbst war Republikaner. Während seiner Zeit an der Elite-Uni MIT war er der Anführer der erfolgreichsten Studentengruppe, die die libertäre Hoffnung Barry Goldwater während seines Präsidentschaftswahlkampfs unterstützt hatte. Nolan hatte sich auch jahrelang für die „Liberty Amendment Campaign" eingesetzt. Die Kampagne sah vor, die Verfassung der USA durch einen Zusatz zu ergänzen, der dem Kongress jedes Gesetz untersagen sollte, das nicht ausdrücklich von der Verfassung vorgeschrieben war.

Der junge Politikwissenschaftler und Aktivist war frustriert. Die populäre Einteilung in links und rechts ergab für ihn schon lange keinen Sinn mehr. Um seiner libertären Gesinnung bildlichen Ausdruck zu verleihen, kreierte er das Nolan-Diagramm: ein einfaches Quadrat, dessen Ecken er jeweils entgegengesetzt in „liberal" und „conservative“ sowie in „libertarian“ und „authoritarian“ einteilte. „Liberal“ stehe für mehr persönliche und „conservative“ für mehr wirtschaftliche Freiheit. Das obere Eck „libertarian“ vereine beide Freiheiten. Seine simple Graphik hatte bewiesen, dass das einfache Links-rechts-Denken mangelhaft war und eine klaffende Lücke hinterließ, die er füllen wollte. Nolan musste mit ansehen, wie Nixon jede Hoffnung auf einen libertären Richtungswechsel innerhalb der republikanischen Partei mit seinem „Wirtschaftsfaschismus“ endgültig zunichte machte. Freiheitlich Gesinnte waren heimatlos geworden. Nolan schätzte, dass es damals um 1971 etwa 20.000 „libertäre Aktivisten“ gegeben habe. Vier Jahre zuvor war er maßgeblich daran beteiligt, das Fundament für die Gründung einer libertären Bewegung zu legen. Ausgangspunkt für die Geburt der Bewegung war eine Veranstaltung der Young Americans for Freedom (Junge Amerikaner für die Freiheit). Diese waren zwar konservativ, sprich militaristisch, geprägt, besaßen jedoch einen libertären Kern. Die freiheitliche Quintessenz der Veranstaltung war eine spontan verfasste Liste mit Namen, in die sich frustrierte junge Libertäre eintragen durften. Es war das erste Dokument, dass sich eignete, den Grundstein für ein libertäres Netzwerk aus freiheitlichen Aktivisten zu legen. Nolan erinnerte sich an 88 Einträge. Er hatte bereits im Juli ein erstes „Komitee zur Gründung einer Libertären Partei“ ins Leben gerufen. In der Juli/August-Ausgabe des libertären Magazins „Individualist“ erschien sein Artikel, in dem er die Argumente für die Gründung einer Freiheitspartei darlegte. Obwohl es viele verschiedene libertäre Initiativen, Publikationen und Vereine gebe, habe der Einsatz für die freiheitliche Sache bisher keine Früchte getragen. Falls sich irgendwo im Land politisch auch nur eine Kleinigkeit zugunsten der Freiheit verändert habe, dann sei das meist unabhängig von libertären Aktivisten passiert. Die amerikanischen Freiheitsfreunde seien sich über libertäre Strategien nicht einig. Die einen konzentrierten sich auf freiheitliche Bildung, die anderen setzten ihre Hoffnung auf die Infiltrierung von Universitäten und Parteien, um diese auf Dauer libertär zu machen. Nolan verstand aus eigener Erfahrung, dass dieser fromme Wunsch einer kleinen Minderheit im Zeitalter der Massenbewegungen zum Scheitern verurteilt war. Seine Erwartungen in den Erfolg Donquichottescher Steueraufstände sowie in „Bau ein Häuschen im Walde und iss Beeren"-Phantasien waren trotz aller philosophischer Richtigkeit ebenso begrenzt.

Nolan war eine sehr praktische Natur. Die Ablehnung politischer Arbeit durch Libertäre sah er zwar als moralisch gerechtfertigt, jedoch in einer völlig durchpolitisierten Gesellschaft als wenig gewinnbringend an. Um sich als Libertärer effektiv politisch einzusetzen, musste allerdings das „tyrannische" Zweiparteiensystem zerschlagen werden. Nolan war sich bewusst darüber, dass eine libertäre Partei nicht über Nacht – und vielleicht niemals – mehrheitsfähig sein würde. Als junger Werbeexperte sah er das Hauptziel einer libertären Partei in der Verbreitung der freiheitlichen Idee. Ein Jahr vor der nächsten Präsidentschaftswahl war die Zeit reif, ein neues politisches Projekt zu wagen und der Zweiparteienherrschaft ein Schnippchen zu schlagen. Eine libertäre Partei würde den bisherigen

Konflikt zwischen „linken Libertären", die einen größeren Wert auf individuelle Freiheit legten, und „Rechtslibertären", denen es vor allem um wirtschaftliche Freiheit ging, endlich in konstruktivere Bahnen lenken. Beide Gruppen würden ihre Stimmen und ihren Aktivismus nicht länger für die linke oder rechte Alternative verschwenden, sondern könnten nun gemeinsam – für die Sache der Freiheit – an einem Strang ziehen. Die bloße Existenz einer solchen Partei würde zudem den Druck auf das politische Establishment erhöhen, freiheitlicher Politik einen höheren Stellenwert einzuräumen. Und selbst wenn der libertäre Wahlkampf zunächst erfolglos sein sollte – die Reporter würden sich auf die neue Partei stürzen und für kostenlose Werbung für die Idee der Freiheit sorgen. Schließlich hätte man nach der Wahl auch trotz einer politischen Niederlage einen klaren Erfolg nachzuweisen: Man hätte endlich verlässliche Zahlen, wie viele Menschen im Land mit libertären Ideen liebäugelten und wo sich diese befanden. Bereits während des Wahlkampfs würden sich Listen von Unterstützern und bereitwilligen Aktivisten erstellen lassen, die alles vorher Dagewesene in den Schatten stellen würden. Die Aussichten auf einen libertären Erfolg standen nie besser. Die Zeit für eine libertäre Partei war gekommen.

In der zweiten Jaheshälfte begannen Nolan, seine Frau und ihre libertären Freunde Unterstützer für ihr Parteiprojekt zu gewinnen. Nolan war als libertärer Republikaner bestens vernetzt und konnte auf Kontakte zurückgreifen, die er als Vertreiber von libertären Ansteckknöpfen gesammelt hatte. Der junge Parteigründer wollte alle freiheitlich gesinnten Größen des Landes dabei haben: vom libertären Nixon-Berater Martin Anderson über die Steuerrebellin Vivien Kellems bis hin zum „Feldmarschall" der Linkslibertären, Karl Hess, und dem demokratischen Senator Sam Ervin. Der designierte Präsidentschaftskandidat der Libertären, Wirtschaftsprofessor und Pate der libertären Bewegung, Murray Rothbard, lehnte eine Zusammenarbeit mit der jungen Partei dankend ab. Ein paar Monate nach Nolans Anruf schrieb Rothbard: „Es sollte klar sein, dass jedes Gerede von einer libertären Partei viel zu verfrüht ist, und dies wird auch für die nächsten Jahre so bleiben." Nach der formellen Parteigründung in Nolans Wohnzimmer am 11. Dezember 1971 ging es an die Arbeit zur Vorbereitung des ersten libertären Parteitreffens. Sogar die „New York Times" begleitete die Veranstaltung Ende Januar des folgenden Jahres mit regem Interesse. Ein Reporter der Zeitung, der für die Berichterstattung extra nach Denver, Colorado, gekommen war, fasste knapp das inoffizielle Parteiprogramm zusammen: das Ende der Verfolgung opferloser Verbrechen und die Abschaffung der Wehrpflicht und der Bundeskommunikationsbehörde. Dazu kam die verfassungsmäßige Forderung nach einer Senatsgenehmigung bei Truppenentsendungen nach Übersee. Der illegale Krieg in Vietnam solle beendet werden, und auch das Recht auf Sezession fand den Weg in die Parteidebatte. „Ist das nicht Anarchie, Mr. Nolan?", fragte der Reporter. „Anarchie ist einfach nur Libertarismus, der zu einem unpraktikablen Extrem führt", beschwichtigte ihn der junge Parteigründer.

Dem ersten offiziellen Parteitag im Juni 1972 wohnten 89 libertäre Delegierte bei. Zum Präsidentschaftskandidaten wurde der libertäre Philosophieprofessor John Hospers gekürt. Er hatte im Jahr zuvor einen libertären Wegweiser mit dem eingängigen Titel „Libertarianism" veröffentlicht. Der ehemalige Objektivist und Anhänger der Erfolgsautorin Ayn Rand hatte sich mit der exzentrischen Philosophenkönigin überworfen. Obwohl vielleicht sogar die meisten der Anhänger der Libertären Partei über die freiheitlichen Werbeschriften für den Kapitalismus der großen russischen Schriftstellerin zur Freiheit gelangt waren, hatte Rand selber wenig Sympathie für das Parteiexperiment übrig. In einer Frage-und-Antwort-Runde wurde die Erfolgsautorin zu ihrer Meinung zur Libertarian Party gefragt. „Ich würde lieber für Bob Hope, die Marx Brothers oder für Jerry Lewis stimmen", so die Begründerin des Objektivismus sarkastisch. „Falls Hospers Nixon auch nur zehn Stimmen nähme – was ich zu bezweifeln wage –, wäre das ein moralisches Verbrechen. Ich kümmere mich nicht um Nixon, jedoch noch weniger um Hospers." Nach Rand sei auch der politische Aktionismus der Libertären nichts weiter als billiges Werben um Aufmerksamkeit. „Wenn man seine Ideen verbreiten will, dann tue man das durch Bildung. Aber man kandidiere doch nicht um das Amt des Präsidenten – oder gar des Hundefängers –, wenn man vorhat (dem demokratischen Kandidaten) McGovern zu helfen." Das Urteil war gesprochen. Kein Objektivist hätte behaupten können, er habe nicht gewusst, dass ein Eintreten für die Libertäre Partei einem Ausschluss aus der objektivistischen Familie gleichgekommen wäre. Man war nun entweder Libertärer – in Rands Augen ein „Hippie der Rechten" – oder ein prinzipientreuer Objektivist.

Allen Unkenrufen zum Trotz bereiteten sich die Libertären auf ihren ersten Wahlkampf vor. Die Parteistruktur war jedoch so dünn, dass die nötigen Unterschriften zur Wahlzulassung der Partei in lediglich zwei Bundesstaaten zustandekamen: in Washington und im Geburtsstaat der Partei, in Colorado. Zur Vizepräsidentschaftskandidatin wurde die 49-jährige Theodora „Tonie" Nathan gekürt. Eigentlich wollte die TV-Produzentin nur vom Parteitag der Libertären berichten. Als Publikumsgast fiel sie mit so scharfsinnigen und gewandten Bemerkungen auf, dass sie schließlich auf dem Ticket der neuen rebellischen Partei landete. Die Wahl selbst war für die Libertarian Party kein wirklicher Erfolg. Von den landesweit insgesamt 75 Millionen abgegebenen Stimmen entfielen gerade einmal 3.674 auf die frischgebackene Libertäre Partei. Ein wenig enttäuscht, wenn auch nicht wirklich überrascht, verdutzte ein Telefonanruf die libertäre Kandidatin Tonie Nathan. Der Anrufer, Roger MacBride, ein früherer republikanischer Abgeordneter aus Vermont, wolle für sie stimmen. Ob er denn nicht wisse, dass die Wahl bereits vorbei sei, fragte Nathan, die an der Zurechnungsfähigkeit ihres Gesprächspartners zweifelte. MacBride war Anwalt und hatte bereits vor vielen Jahren eine Schrift zum Wahlmännerkollegium verfasst – dem Gremium, das alle vier Jahre den Präsidenten und den Vizepräsidenten wählt. Der Jurist war einer der über 500 Wahlmänner und hatte nicht vor, für Nixon zu stimmen. Er war der „Adoptivenkel" der Schriftstellerin und libertären Ikone Rose Wilder Lane. Am 18. Dezember war es soweit. Der republikanische Renegat begann eine Tat, die ihm viele seiner Kollegen niemals verzeihen sollten. Er strich die auf dem Wahlzettel vorgedruckten Namen „Nixon“ und „Agnew“ durch und ersetzte sie durch „Hospers“ und „Nathan“. MacBrides Geste, als republikanischer Wahlmann parteifremde Kandidaten zu wählen, war nicht die erste dieser Art. Dennoch war es ein revolutionärer Moment in der amerikanischen Wahlgeschichte. Niemals zuvor hatte eine Frau bei der Präsidentschaftswahl eine Stimme im Wahlmännerkollegium erhalten.

MacBride wurde über Nacht zum Volkshelden der kleinen Partei mit weniger als 2.000 Mitgliedern. Da er ohnehin fortan seinen Mitgliedsausweis der Republikaner an den Nagel hängen konnte, engagierte er sich aktiv in der libertären Parteiarbeit. Die nächste Gelegenheit, sich im Wahlkampf für die freiheitliche Alternative einzusetzen, ergab sich 1973 in New York. Und wieder war es eine Frau, die den Libertarians Schlagzeilen bereiten sollte. Der libertären Kandidatin für das Amt des Bürgermeisters gelang es, die Gesamtzahl der Stimmen aller übrigen Kleinparteienbewerber um ganze 9.000 zu übertreffen. Als der libertäre Erfolgsautor Jerome Tuccille im selben Jahr gefragt wurde, ob er für das Amt des Gouverneurs von New York antreten wolle, hätte er die Ehre lieber an Murray Rothbard weitergereicht. „Ich sprach mit Murray Rothbard darüber, ob er sich nicht … als Gouverneur bewerben wollte“, erinnert sich Tuccille in seinem Buch „Meist beginnt es mit Ayn Rand“. „Ich bin Anarchist“, entgegnete ihm der libertäre Theoretiker lachend. „Mit was für einem Programm sollte ein Anarchist denn wohl kandidieren?“

Letztlich sollte sich Tuccille selbst um das Gouverneursamt bewerben. MacBride half ihm dabei – als Finanzier und sogar als persönlicher Pilot. Auch dieser Wahlkampf brachte den Libertären kaum Stimmen – dafür aber jede Menge Aufmerksamkeit. Tuccilles Kampagne landete 1974 sogar im Mainstreamblatt „Newsweek“, nachdem er mit einer jungen Schauspielerin auf einem Pferd, die in einen beigen Body gehüllt war, der ihr die Illusion von Nacktheit verlieh, durch die Straßen New Yorks zog. Publicity, für die die Libertären von Ayn Rand so verachtet wurden. Trotz oder gerade wegen solcher Aktionen meinten es die Parteiführer sehr ernst mit ihrer Mission. Ed Crane, ein kalifornischer Aktivist, der in seinem Heimatstaat die solideste Parteibasis aufgebaut hatte, wurde 1974 Chef der Libertären. Er einigte sich mit dem republikanischen Abtrünnigen MacBride, dass dieser bei der nächsten Präsidentschaftswahl antreten solle. Crane brachte der Partei Kontakte und rekrutierte aktive Mitglieder. 1975 holte er die Parteizentrale aus Kalifornien in die Hauptstadt Washington, D.C. – nahe an die Quellen der Macht, die die Libertären bekämpfen wollten.

Der Präsidentschaftskandidat MacBride war nicht exakt das, was man unter einer schrillen Erscheinung verstand. Er war eher bieder – quasi das Anhängsel seiner Hornbrille. Jedoch war er stets hervorragend gekleidet und ließ es nicht einmal im Chinarestaurant an Manieren vermissen. Sein Reichtum war ihm gewissermaßen anzusehen. Er hatte bereits ein Vermögen als Mitbegründer der populären TV-Serie „Little House on the Prairie“ (deutsch „Unsere kleine Farm“) gemacht. Die Geschichten aus dem idyllischen Landleben vor der Jahrhundertwende basierten auf den gleichnamigen Romanen aus der Feder von Laura Ingalls Wilder – der Mutter seiner libertären Mentorin. So traditionell wie die Geschichten vom Lande waren auch MacBrides persönliche Ansichten. Einen libertären Bewerber als Vizepräsident lehnte MacBride strikt ab, da jener offen schwul war. Trotz seiner Eigenarten – er war geschieden und litt an zu hohem Blutdruck – wusste er sich galant auszudrücken und scheute auch Kameras nicht. Er flog stets selbst von Veranstaltungsort zu Veranstaltungsort in seiner libertären Propellermaschine „No Force One". MacBride wurde zwar nicht zum Präsidenten gewählt, doch sein Wahlergebnis war eine Sensation im Vergleich zur Ouvertüre vier Jahre zuvor. Die Libertarian Party stand immerhin in 32 Staaten auf dem Wahlzettel und errang beachtliche 173.000 Stimmen. Schließlich waren das fast 170.000 mehr als bei der vorherigen Wahl.

Die Libertäre Partei war nun endgültig im Parteienspektrum angekommen. Sie wurde in wenigen Jahren zur erfolgreichsten alternativen Partei seit dem Ende des Zweiten Weltkriegs. Immer mehr namhafte Unterstützer reihten sich in ihre Ränge ein. Der Sohn des Wirtschaftsnobelpreisträgers Milton Friedman, David Friedman, setzte sich besonders intellektuell für sie ein und verfasste Thesenpapiere zu allen möglichen Belangen. Auch Murray Rothbard war mit ein wenig Verzögerung voll im Parteigeschäft. Und sogar der libertäre Harvard-Professor und National-Book-Award-Gewinner Robert Nozick engagierte sich für die Libertarian Party. Literaten hatte die aufstrebende Partei viel zu verdanken. Zum ersten Parteimotto wurde das Bonmot „There ain‘t no such thing as a free lunch“ („So etwas wie ein kostenloses Mittagessen gibt es nicht“) mit dem eingängigen Akronym „TANSTAAFL“. Der Ausspruch stammte aus einem Roman des Sciencefiction-Autors Robert A. Heinlein. Die Abkürzung und ein nach oben gerichteter diagonaler Pfeil sollten bis zum Ende der Dekade als offizielles Parteilogo dienen. Und obwohl die Libertären prominenten Zulauf verzeichneten und auf dem ehrlichsten und besten Parteiprogramm fußen konnten, das die Nation bisher gesehen hatte, blieben nennenswerte Wahlerfolge aus. Der damalige Parteiführer Ed Crane sieht den Grund hierfür in einem 1974 erlassenen Gesetz. Der Federal Elections Campaign Act (Bundeswahlkampagnengesetz) limitierte Wahlspenden auf 1.000 Dollar pro Spender. Großzügigen Mäzenen wurde es somit unmöglich, kleinere Parteien oder Kandidaten effektiv zu unterstützen. Jenes Spendengesetz war „das einzige Gesetz, das genau das tat, was es tun sollte: das Zweiparteiensystem als uneinnehmbare Geldfestung zu zementieren“, so Crane.

Doch nicht nur der Widerstand des etablierten Parteiensystems machte den Libertären zu schaffen. Besonders anarcholibertäre Exoten konnten mit der neuen Beschäftigung in Form von Parteipolitik und Wahlwerbung nicht viel anfangen. Manche Libertäre gingen sogar so weit, die Libertarian Party zu infiltrieren, um sie durch Sabotage und offenen Widerspruch zu einem Abbruch der politischen Arbeit zu bewegen. So kämpfte der Anarchokapitalist Samuel Edward Konkin III (SEK3) in New York gegen die „partyarchy“ der Libertären. Konkin, einer der Anführer der libertären „Anti-Partei“, sah libertäre Ideale in der Abstinenz von Politik und Staatswillkür verwirklicht. Er begründete den Agorismus, der auf der Vernetzung und dem informellen Austausch gleichgesinnter Libertärer beruhte. Der von ihm bevorzugte Schwarzmarkt war Teil der „Counter-economics“. Einen ähnlichen Weg gingen manche Libertäre, die dem US-System den Rücken kehrten. Eine Gruppe von Abenteurern versuchte in der Karibik ihr Glück. Ihr Ziel war es, eine libertäre Gesellschaft zu gründen, in der Freiheitsrechte respektiert würden. Die Bahamas waren Mitte der 70er Jahre schon eine Weile in den Fokus freiheitlicher Staatsgründer geraten. Eine Vereinigung, der auch der erste libertäre Präsidentschaftskandidat und Philosophieprofessor John Hospers angehörte, versuchte sich mit den Einwohnern zu verständigen. Nachdem Hospers die einheimische Bevölkerung mehrmals gegen die eigene Regierung aufgestachelt hatte, wurde ihm fortan die Einreise auf die Bahamas untersagt und der rebellische Philosoph zurück nach Miami geschickt.

Hoffnung auf ein ernsthaftes Erstarken der freiheitlichen Bewegung kam im libertären Präsidentschaftskandidaten Roger MacBride auf, als er auf einer Veranstaltung der Mont Pelerin Society Charles Koch kennenlernte. Koch war nicht nur libertär und der Libertarian Party zugeneigt, er war auch reich, superreich. Kochs Vater war Ingenieur, der durch Erfindungen in der Erdölverarbeitung zum Multimillionär wurde. Seine Geschäfte in Stalins Sowjetunion haben ihm nicht nur einen unerhörten Wohlstand, sondern auch direkte Einblicke in die Schrecken des Kommunismus beschert. Seine vier Söhne erzog er zum fanatischen Antikommunismus, was das Verbot der Lektüre von Ernest Hemingways Werken mit einschloss. Charles Koch kam früh mit libertärer Literatur und mit den Lehren der Österreichischen Schule in Berührung. 1974 gründete er sogar ein eigenes libertäres Institut. Koch investierte zudem in zahlreiche freiheitliche Organisationen und Zeitschriften wie die „Libertarian Review". Ein ehemaliger Herausgeber des Blattes erinnerte sich, dass sich der Redaktionsbeirat, dem Charles Koch angehörte, in einem McDonald's-Restaurant traf. Es sei kein Zufall gewesen, dass jeder seine Rechnung selbst beglichen habe. Koch war berechnend und alles andere als ein verschwenderischer Mäzen. Der libertäre Milliardär hegte Hoffnungen in eine positive Entwicklung der Libertären Partei. Ihr eifrigstes Zugpferd jedoch, Ed Crane, zeigte sich nach dem unbefriedigenden Ausgang der Präsidentschaftswahl 1976 zunehmend mutlos. Der Vollzeitaktivist spielte mit dem Gedanken, seine politische Karriere an den Nagel zu hängen und sich in San Francisco wieder mit Investmentdeals zu befassen. Crane setzte seine Erwartungen in die libertäre Aufklärungsarbeit – in die Welt der Thinktanks. Koch ließ sich von Cranes Vorstoß schnell überzeugen. Ihr natürlicher Verbündeter war Murray Rothbard – Freund seiner jungen Partei, Schüler von Ludwig von Mises und geistiger Träger der Österreichischen Schule der Nationalökonomie. Rothbard schlug vor, das neue Institut, das auf Cranes Wunsch in San Francisco beheimatet sein sollte, „Cato Institute" zu nennen. Damit kam Rothbard Kochs Absicht entgegen, die libertäre Mission möglichst unaufdringlich zu kleiden und gleichzeitig die freiheitlichen

Prinzipien hochzuhalten. Die sogenannten „Cato Letters“ waren Schriften, in denen britische Aufklärer eine begrenzte Regierung und die Achtung von Naturrechten forderten. Das Cato Institute nahm seine Arbeit Anfang 1977 auf. Koch, Crane und Rothbard waren Teilhaber des libertären Thinktanks, der als Aktiengesellschaft organisiert war. Crane und Koch telefonierten täglich und diskutierten Strategien und Zahlen. Rothbard war der intellektuelle Kopf des Ladens. Ein hauseigenes Magazin sollte auch eine linke Leserschaft erreichen. Der Herausgeber schaffte es sogar, die linke Ikone Noam Chomsky für einige Beiträge zu gewinnen. Ed Crane, der für die Leitung des Cato Institute seinen Job als Vorsitzender der Libertarian Party aufgegeben hatte, setzte Hoffnungen darein, die linke Jugend und Intelligenzija anzusprechen. „Falls Libertarismus in diesem Land als politische Bewegung erfolgreich sein sollte“, so Crane ein Jahr nach Gründung des Instituts, „müssen wir Unterstützung von den Linken erhalten. Ich halte den Linksdrift der Bewegung für sehr hilfreich.“

Die Wende zum neuen Jahrzehnt sollte der Libertären Partei wieder Hoffnung machen. Der kalifornische Anwalt Ed Clark trat 1978 zur Gouverneurswahl an und fuhr immerhin beachtliche 5,5 Prozent der Stimmen ein. Mit dem Stimmenfang sorgte er dafür, dass die Libertäre Partei fortan automatisch zur Wahl stand. Der libertäre Parteitag 1979 startete unter dem Motto „Einem Drei-Parteien-System entgegen“. Ed Clark war der neue Star der Libertären und wurde zum Präsidentschaftskandidaten gekürt. Ein scheinbar genialer Deal sollte die Partei bei den Wahlen

1980 zu einer ernsthaften Gefahr für das Establishment machen. David Koch, der sich im Gegensatz zu seinem Bruder Charles eher verdeckt gehalten hatte, machte der Parteiführung einen verführerischen Vorschlag. Er wolle der Partei gerne deutlich mehr spenden, als es die gesetzliche Obergrenze von 1.000 Dollar erlaube. Dafür müsse er aber selbst für die Libertären ins Rennen. Koch gestand offen ein, dass ihm die nötige politische Erfahrung und die Absicht, ernsthaft zu kandidieren, fehlten. „Ich habe weder das Verlangen nach Publicity, noch nach Einfluss innerhalb der Libertären Partei“, so der Milliardär in seinem Brief an die Parteiführung. „Mein Ziel ist lediglich, die Philosophie zu fördern, der ich zutiefst verhaftet bin.“ Auf Kochs Verlangen wurde begeistert eingegangen. Gegenüber empörten Libertären rechtfertigte sich der Präsidentschaftskandidat Clark auf einer Veranstaltung. Es handle sich bei Kochs Vorschlag nicht um den Beweis einer Übernahme der Partei, „sondern eher seines Eintretens für den Libertarismus“. Und entgegen der Bekundung Kochs vor Beginn seiner Kampagne, er wolle sich bedeckt halten, trat er regelmäßig im Wahlkampf auf. Er sprach an Unis, vor Gruppen von Geschäftsleuten und libertären Aktivisten. Das Wahlkampfteam war besonders in Alaska aktiv, wo staatliche Landnahmen zunehmend kritisch gesehen wurden. Koch trat insgesamt in 27 Bundesstaaten auf. Präsidentschaftsanwärter Clark musste sich für Kochs Kandidatur auch vor kritischen Medienvertretern rechtfertigen. Ein vorgefertigter Fragenkatalog sollte ihn auf die schärfsten Angriffe vorbereiten. „Der Großteil Ihrer Kampagne wird von den Ölmilliardären, der Koch-

Familie, finanziert“, heißt es in einer Vorbereitungsfrage des Wahlkampfteams. „Wäre eine Clark-Regierung nicht einfach eine ‚Regierung von Big Oil‘?“ Die Sorgen der Kritiker waren unbegründet. Das Clark-Koch-Ticket war Lichtjahre davon entfernt, die Regierung zu stellen. Das Endergebnis ergab 921.128 Stimmen, das heißt nur knapp über ein Prozent aller gemachten Kreuze entfiel auf die Libertarian Party. Die Enttäuschung saß tief. Nicht nur bei David, sondern auch bei Charles Koch. Dieser konnte es nicht begreifen, wie sein jüngerer Bruder rund zwei Millionen Dollar in einen Wahlkampf investieren konnte, die er von seinem Privatvermögen und nicht etwa von einem Vermögensgewinn abschöpfte. Obwohl David Koch rund zwei Drittel des Wahlkampfs finanzierte, blieb die Kampagne am Ende auf einem Schuldenberg von 140.000 Dollar sitzen. Man hatte sich gehörig verschätzt. „Als Kandidat, der nur Libertäre traf, erschien es mir, als würde jeder für uns stimmen“, schrieb Koch in einem Brief an die Wahlkampfleitung mit der Bitte, das Schuldenproblem zu lösen. „Wir waren alle ein wenig zu optimistisch.“ Die Moderatorenikone Walter Cronkite sagte über das tieffliegende Wahlergebnis: „Die Libertären dachten, sie bekämen Millionen von Stimmen – damit ist’s Essig!“

Besonders entsetzt war Murray Rothbard. Bereits während des Wahlkampfs äußerte er sein Unbehagen über die für ihn zum Teil absurde Rhetorik Ed Clarks. Als dieser während einer TV-Debatte kleinerer Parteien vom Moderator gebeten wurde, die Quintessenz des Libertarismus kurz zusammenzufassen, erklärte Clark, er sei gleichbedeutend mit „low-tax liberalism“ – also einer Niedrigsteuervariante der amerikanischen Form der Sozialdemokratie. Rothbard war außer sich. Er gab seinem Unmut offen Ausdruck und sparte nicht mit Kritik an der libertären Parteiführung, deren Fäden, wenn auch verdeckt und heimlich, direkt ins Cato Institute führten, dem Ed Crane vorstand. „Die Clark-Koch-Kampagne war ein vierfaches Desaster", so Rothbard unverhohlen. Seine Anklagepunkte beliefen sich auf den „Verrat von Prinzipien", das „Scheitern, einen Kader auszubilden", den verantwortungslosen Umgang mit Kampagnengeldern und den „Mangel an Stimmen". Der erste Punkt war für Rothbard jedoch der Schlimmste. Wenn nicht die Libertären für libertäre Prinzipien einstehen würden, wer dann? Clark war charismatisch und charmant. Seine Absicht aber, sich rhetorisch an den linken Mainstream anzuschmeicheln, war zu viel für Rothbard. Anstelle gemäß des Parteimottos – „eine Partei mit Prinzipien" – einen ehrlichen und selbstbewussten Libertarismus zu vertreten, verirrte sich die Präsidentschaftskampagne 1980 in Beschwichtigungen und Weichspülaktionen. „Wir wollen zurück zu der Art Regierung, die Kennedy in den frühen 1960ern vertrat", so Crane in einer Fernsehdebatte der kleinen Parteien. „Und ich dachte über zwei Jahrzehnte, dass Kennedy zu den bösen Jungs gehört habe! Sieh und staune!" spottete Rothbard über die Rhetorik des libertären Hoffnungsträgers. Der Ökonomieprofessor fand nach dem Scheitern der Clark-Kampagne, die sich so hohe Ziele gesetzt hatte, kaum lobende Worte. Rothbard war Mitglied des radikalen Flügels der Libertären Partei, der für ideologische Abweichler und Schmusekursteilnehmer wie Clark keine Sympathien hatte. Rothbard gestand dem Präsidentschaftskandidaten zu, ein einziges Mal die ungeschminkte Wahrheit gesagt zu haben – und zwar zu Beginn seiner Kampagne. Auf einer Pressekonferenz gab Clark offen zu, dass das Endziel der Libertären in der Privatisierung aller gesellschaftlichen Institutionen bestehe. Der Strippenzieher des Wahlkampfs, Ed Crane, war außer sich ob diesem offenen Einblick in die ideologische Rumpelkammer der Libertären. Solch radikale Aussagen wurden dem Kandidaten fortan verboten, wollte man schließlich ein vorzeigefähiges Bild in den Medien abgeben. Doch Cranes freundliche Haltung zum Wohlfahrtsstaat, seine feindliche Einstellung gegenüber Atomkraft und seine wohl absichtliche Ignoranz gegenüber dem Übel staatlicher Geldpolitik trieben Rothbard die Zorneswut ins Gesicht. Was solle das heißen, Clark stehe für eine „schrittweise Einführung" des Goldstandards? „Eine schrittweise Rückkehr zum Goldstandard ergibt ebensoviel Sinn wie ‚schrittweise schwanger' zu werden", spottete der libertäre Vordenker. Auch verstand er Clarks Haltung zur Einwanderung nicht. Eine Quotenregelung für Mexikaner? Wofür? War denn nicht wie schon Milton Friedman erklärt hatte, die beste Migration in ein Sozialsystem die illegale? Unregistrierte Einwanderer hätten schließlich gar nicht die Möglichkeit, an den Zitzen der Sozialkassen zu saugen. Was meinte David Koch mit „weniger Steuern", „weniger Interventionen im Ausland" und „weniger Einmischung in das Privatleben der Menschen"? War die libertäre Position denn nicht exakt genug? Nämlich: keine Steuern, keine Interventionen und keine Einmischung ins Privatleben? Wieso mussten es Koch und Crane allen recht machen?

Es schien absurd, dass der Wahlsieger, der Republikaner Ronald Reagan, teilweise deutlich libertärere Töne angeschlagen hatte als der Kandidat der Libertären Partei. „Man stelle sich vor, wir hätten zwei, drei, fünf oder gar zehn Millionen Stimmen eingefahren", fragte Rothbard rhetorisch. „Na und? Was hätten diese Stimmen bedeutet?" – „Worin liegt der Sinn, Millionen von Stimmen für einen Niedrigsteuer-Liberalismus zu bekommen – für einen Abklatsch von John F. Kennedy? Inwiefern trägt das zum Aufbau der libertären Bewegung bei oder inwieweit verbreitet das libertäre Ideen?"

Rothbard sah das Ziel der Libertären Partei in politischer Bildung. Clarks Kampagne habe aber nicht zur Bildung, sondern zur „Unbildung" beigetragen. Sein Resümee des libertären Präsidentschaftswahlkampfs war vernichtend: „Auf dem Grabstein der Clark-Kampagne steht: ‚Und sie haben nicht einmal die Stimmen erhalten.'" Die Verantwortlichen für den Schlamassel hätten, so Rothbard, ihre, ja die Seele der gesamten Bewegung verkauft. Er schwor sich, einen solchen Verrat niemals wieder zuzulassen. Dieses Fiasko sei bereits tragisch genug gewesen, ein zweites sei unzumutbar. Die Verantwortlichen waren bemüht, die Niederlage und den verfehlten Wahlkampf herunterzuspielen. Auf Rothbards Kritik fanden sie jedoch keine vernünftige Antwort.

Zudem war der libertäre Kritiker mit seiner Sicht nicht ganz allein. Parteigründer David Nolan erinnerte sich, dass das Wahlkampfteam jeden Außenstehenden sehr respektlos behandelt habe. Menschliche Verfehlungen hatte der libertäre Professor Rothbard seinen Widersachern jedoch nie öffentlich zum Vorwurf gemacht. Er sah vor allem in der Prinzipienlosigkeit des Wahlkampfs einen persönlichen Affront gegen sich selbst, der schließlich seine eigene Reputation innerhalb der libertären Bewegung beschädigt hätte, hätte er nicht aus ganzem Herzen dagegen angeschrieben. Cato-Chef Crane empfand ebensowenig Gegenliebe für den libertären Theoretiker. Für ihn zählten greifbare Erfolge statt warmer Worte. Aussichten auf eine fruchtbare Zusammenarbeit zwischen ihm und Rothbard waren verflossen. Crane informierte seinen Kritiker, dass seine persönlichen Angriffe auf ihn eine Zusammenarbeit im Cato Institute fortan unmöglich mache. Rothbard wurde aus dem Aufsichtsrat des libertären Instituts gedrängt. Seine Anteile wurden zudem von Charles Koch einbehalten. Die Chancen, sich gegen eine Armee von Koch-Anwälten zur Wehr zu setzen, stufte Rothbard wohl als gering ein. Die Koch-Brüder hatten sich nach der Wahlniederlage schnell von der Libertären Partei distanziert. Ein hochrangiger Sekretär des libertären Koch-Imperiums, das aus Einfluss und Anteilen an libertären Organisationen und Publikationen bestand und scherzhaft „Kochtopus“ genannt wurde, sagte über die Strategie seines Arbeitgebers: „Charles gibt ungern Geld für Dinge aus, die keine Ergebnisse liefern.“ Die Milliardäre sollten sich künftig aus der libertären Politik heraushalten. Die Partei war fortan auf sich allein gestellt.

Der Fluch der Koch-Crane-Maschine hing aber noch eine Weile über ihr. Ein Kumpel Cranes, Eric O'Keefe, wurde 1981 „National Director“ der Libertären. Er setzte sich gegen seine Mitbewerberin Gale Norton durch. Ein

Pech für die Juristin, dass es mit ihrer Karriere in der Libertarian Party nicht geklappt hatte. Mit dem Amtsantritt George W. Bushs, knapp 20 Jahre später, wurde sie Innenministerin. Sie sollte die erste amerikanische Frau sein, der das gelingen sollte. Zumindest die Spitze der Partei war nach der großen präsidialen Wahlschlappe weiblich besetzt. Die Frau des Kandidaten, Alicia Clark, säuberte die Parteiführung von alten Überbleibseln der „Crane-Maschine" – der treuen Entourage rund um den ehemaligen Vorsitzenden Ed Crane. Sie verlagerte die Parteizentrale auch demonstrativ aus dem verruchten Washington, D.C. nach Houston, Texas. Zwar wollten sich die Verlierer des 1980er-Fiaskos nicht mehr selbst zur Wahl stellen – die neue Parteiführung hätte dies auch niemals zugelassen –, doch versuchten sie weiterhin, ihren Einfluss geltend zu machen. Der Kandidat aus dem Umfeld der Kochs und des Cato Institute, Earl Ravenal, hätte durch seine wertvollen Kontakte bei der Wahl 1984 nicht nur Stimmen, sondern auch beachtliche Spenden einsammeln sollen. Doch der Geschmack des bitteren Verrats libertärer Prinzipien im vorherigen Wahlkampf haftete den Parteiradikalen noch am Gaumen. Rothbard und seine standhaften Kollegen waren erpicht darauf, jeden Kandidatenvorschlag aus den Reihen Cranes abzublocken. Doch Ravenal genoss nicht nur Ansehen unter den Eliteschmeichlern aus der Partei. Auch im Umfeld Rothbards fanden sich einige, die die Verbindungen des ehemaligen Mitarbeiters im Außenministerium für die libertäre Sache nutzen wollten. Die Wahl des Präsidentschaftskandidaten hätte knapper nicht ausfallen können. Nicht wenige zeigten sich empört über den Vorschlag, jemanden ausgerechnet für die Libertären ins Rennen zu schicken, der im verruchten „Council on Foreign Relations" saß – dem Establishmentgremium schlechthin. Dazu noch sein Eintreten für Zwangsimpfungen. Zwar war der Georgetown-Professor das Gegenteil eines Falken in der Außenpolitik, doch ein klassischer Libertärer sah für die meisten einfach anders aus. Rothbard war bemüht, seine Linie „Niemals wieder", die er nach dem letzten Wahlkampf-Debakel gesponnen hatte, konsequent umzusetzen. Nie wieder sollte es einem Establishment-Libertären gelingen, die freiheitliche Botschaft im Wahlkampf so umzudichten, dass am Ende „Libertarismus light" – sprich sozialdemokratische Töne gesungen würden. Auf dem Nominierungsparteitag der Libertären schaffte es schließlich mit nur einer Stimme Mehrheit David Bergland, sich gegen seinen Rivalen durchzusetzen. Bergland hatte Wahlkampferfahrung. Er war bereits 1976 als Vizepräsidentschaftskandidat an den Start gegangen. Die Reaktionen über seine Nominierung hätten gemischter nicht ausfallen können. Während Mitglieder des „Radikalenausschusses" ihrem Kandidaten Bergland fröhlich auf die Schulter klopften, war für die Befürworter eines „seriösen Wahlkampfs" die Party endgültig gelaufen. Eine Unterstützerin Ravenals war nach der Abstimmung so außer sich, dass sie sich kurz verabschiedete, um sich oral zu erleichtern. Nicht weniger emotional fiel die Reaktion von Berglands ehemaligem Wahlkampfkollegen und Präsidentschaftskandidaten MacBride aus. Nicht nur verließ er für immer die Libertäre Partei, er bat auch die Archivare an der Uni von Virginia, seine Unterlagen zur Parteigeschichte zu vernichten, die er hinterlegt hatte. Auch für die Kochs und Crane hatte sich die Zukunft der Partei mit der Abwahl ihres Kandidaten – und damit ihrer selbst – für immer erledigt. Die Libertäre Partei ist seither für das Cato Institute ein rotes Tuch. Die Abwendung der liberalen Thinktanks vom Libertarismus fand stufenweise statt und nahm mit der Beschäftigung von Ökonomen der Chicago-Schule und dem Rausschmiss Rothbards ihren Lauf. Doch das Abstimmungsergebnis der Libertären zeigte, dass kein klarer Favorit in den Präsidentschaftswahlkampf zog. Mit dem Abzug establishmentnaher Kräfte fehlten zudem die Mittel, um einen ernsthaften Wahlkampf zu finanzieren. Laut Bergland löste sein schwach finanzierter Wahlkampf im Jahre 1984 nur wenig Mitleid bei der Fraktion um Ed Crane aus, die die Partei bereits nahezu geschlossen verlassen hatte. „Falls sie verlieren sollten, dann nicht, weil sie nicht so klug sind, wie sie zu sein meinten", las Bergland die Gedanken der Crane-Leute, „sondern weil die meisten Libertären dumme Bastarde sind".

Das Wahlergebnis war niederschmetternd. 228.000 Stimmen – viereinhalb mal so wenig wie nach der vorherigen Wahl. Zwar waren die Libertären nach Stimmenanteil zum ersten Mal die dritte Kraft im Lande, doch auch nur, weil diesmal der republikanische Renegat John Anderson nicht als Unabhängiger antrat. Um ein Wahlfiasko zu vermeiden, hatte die Parteiführung vor der Wahl Berglands noch ausgelotet, ob nicht ein gemeinsames Ticket mit dem Republikaner Anderson an der Spitze möglich sei. Den Kater nach der Wahl erklärte der Ökonom Rothbard mit Kenntnissen aus der Wirtschaftswissenschaft.

Das Geld der Kochs hatte im vorherigen Wahlkampf eine inflatorische Blase geschaffen, die sich in einem relativen Stimmenhoch ausdrückte. Bergland war das Gesicht der unvermeidlichen Krise, die auf den künstlichen Boom folgen musste. Obwohl die Libertäre Partei nach ihrem persönlichen Rekordergebnis von 1980 für lange Zeit keinen ähnlichen Zahlenerfolg mehr verbuchen konnte, sollte der Libertarismus selbst eine nie dagewesene Anziehungskraft ausüben. Das schlechte Abschneiden der Freiheitspartei im Jahr 1984 hatte wohl nicht zuletzt mit der Popularität des Präsidenten zu tun. Ronald Reagan war der Hoffnungsträger vieler „gemäßigter" Libertärer und genoss auch bei der politischen Rechten breite Zustimmung. Der ehemalige Schauspieler trug bei seiner ersten Antrittsrede im Jahr 1981 die berühmt gewordenen Worte vor: „Der Staat ist nicht die Lösung des Problems, er ist das Problem." Nach der ernüchternden Regierung des Welt- und Gesellschaftsverbesserers Jimmy Carter klangen solche Worte nicht nur in libertären Ohren wie Musik. Dass sich Reagan zwar hier und da als Steuersenker, jedoch vor allem auch als außenpolitischer Hardliner erweisen sollte, brachte ihm Ansehen und Respekt beim republikanischen Establishment und Wahlvolk gleichermaßen. Gegen den Charme und die Ausstrahlung des reifen Reagan konnten die Libertären kaum etwas ausrichten. Neben dem ehemaligen Gouverneur des kalifornischen Sonnenstaats sahen die Clarks und Berglands aus wie jämmerliche Schießfiguren. Dass der „Libertäre" – Reagan – seinen Hollywood-Staat mit einem doppelt so großen Schuldenberg wie zu Beginn seiner Amtszeit verließ, tat seiner Popularität als quasi-libertärer Präsidentendarsteller keinen Abbruch. Doch sogar dem establishmentfreundlichen Ed Crane fiel gleich zu Beginn von Reagans Regentschaft auf, dass die gutmütige, aber ideologielose Großvaterfigur jeden ernsthaften Staatsverkleinerer rigoros aus ihren Reihen säubern ließ. Rothbard ging in seiner Analyse sogar so weit, dass er die „historische Funktion Ronald Reagans" darin sah, „die beachtliche Welle von antistaats- und quasilibertären Einstellungen, die in den USA der 1970er aufkamen, einzufangen, auszuweiden und letztendlich zu zerstören".

Einer der Unterstützer des Präsidenten, Lichtgestalt der „Konservativen" und Moderatorenurgestein Bill Buckley, lud sich im Januar 1988 einen besonderen Gast in seine Talksendung ein. „In 20 Jahren wurde ich nicht mit so vielen Zuschauerbriefen bedacht, in denen ich aufgefordert wurde, Dr. Ron Paul einzuladen. Das ist vor allem verwunderlich, wenn man bedenkt, dass Dr. Paul ein Libertärer ist." Als jemand, der sich nach eigener Aussage „ab und an" selbst als Libertären bezeichnet, hatte Buckley einen geeigneten Gesprächspartner gefunden. Einige Punkte seines Wahlprogramms lösten beim Konservativen jedoch Verwunderung aus: „Sie wollen das FBI zerschlagen. Wieso?" – „Nun", antwortete Paul, „die ersten 125 Jahre hat es in diesem Land auch kein FBI gegeben. Wenn ich mich recht entsinne, kam es zu seiner Gründung erst während des Ersten Weltkriegs." – „Und die CIA", sagte Paul über den anderen Drei-Buchstaben-Verein auf seiner Abschussliste, „ist ein eher aktuelles Phänomen, 1947". Der Libertäre hatte es nicht leicht, seinen Punkt beim konservativen Gastgeber durchzubringen. „Nun, wir haben auch 125 Jahre ohne das Flugzeug existiert.“

Der libertäre Überflieger Ron Paul hatte kaum Mühe, sich als Präsidentschaftskandidat seiner Partei durchzusetzen. Dabei war er erst knapp ein halbes Jahr vor seiner Nominierung den Libertären beigetreten. Von seinem Hoffnungsträger Ronald Reagan war Paul so enttäuscht, dass er aus Protest seine Partei verließ. Als republikanischer Abgeordneter hatte er bereits acht Jahre seinen texanischen Distrikt im Repräsentantenhaus vertreten. Der charmante Frauenarzt, der in Teilzeit in einer Gemeinschaftspraxis arbeitete, war auch Herausgeber eines Newsletters, der seine Abonnenten über Themen rund um Politik und Investments auf dem Laufenden hielt. Mit ausreichend Unterstützung und wohlhabenden Kontakten ausgestattet, schaffte es Paul, 230.000 Dollar in seinen libertären Nominierungswahlkampf zu stecken. Es sollte der bis dahin bestfinanzierte Wahlkampf seit dem Crane-Koch-Ticket 1980 werden. Dabei hatte es Paul mit der Vermittlung libertärer Prinzipien ernst gemeint. Journalisten reagierten verwundert, als sie feststellten, dass von den 300 Schülern einer High School, die Paul als Redner eingeladen hatte, nur etwa zehn überhaupt wahlfähig waren. „Ich denke nicht, dass ich gewinnen werde“, gestand Paul einem Reporter, „aber ich trete an, um zu gewinnen und nicht nur als akademische Übung“. Der libertäre Arzt hatte es bereits geschafft, seine gesamte Familie von der Logik der Freiheit zu überzeugen. Dazu zählten auch die Lehren solider Haushaltsführung. „Meine Reisekosten betragen 40.000 Dollar im Monat?“, fragte er seinen Sohn ungläubig, der ihm als Wahlhelfer beistand. Das Fiasko der Libertären bei der 1980er-Wahl wollte Paul nicht wiederholen. Pauls Kampagne sollte sich nicht verschulden und schon gar nicht staatliche Mittel annehmen. Etwa eine halbe Million Dollar – knapp ein Viertel des Budgets – wurde für die Erringung der Wahlzulassung aufgewendet. Letztlich fand Pauls Name in 46 Bundesstaaten und in der Hauptstadt Eingang in die Wahlbüros. Trotz dieses Minierfolgs sorgte die Entscheidung des News Election Service (Wahlnachrichtendienst), nur die Wahlergebnisse der beiden Großparteien bekanntzugeben, für Bauchschmerzen bei den Libertären. Paul protestierte Wochen vor der Wahl persönlich gegen diese Form von „Zensur". Das Wahlergebnis war am Ende nicht überraschend, wenn auch wohl für den erfolgsverwöhnten Paul ernüchternd. Der bisherige Vizepräsident George H.W. Bush zog mit über 53,44 Prozent ins Weiße Haus ein – etwa 53 Prozent mehr als Paul. Als Dritter im Rennen holte Paul 100 Mal weniger Stimmen als der Zweitplazierte, der Demokrat Dukakis. Sein deutlicher Abstand zum vierten Platz (0,22 Prozent) drückte zwar die libertäre Vorherrschaft unter den Kleinparteien aus, machte aber gleichzeitig wenig Hoffnung, das dominierende Zweiparteiensystem in absehbarer Zeit zu stürzen. Pauls Vize Andre Marrou war zuvor vom Optimismus getrieben. Er sprach vor der Wahl 1988 während einer Pressekonferenz von zwei bis zwölf Millionen Stimmen, die die Libertäre Partei mit ihm als stellvertretendem Präsidenten holen könne. Vier Jahre später riss sein Ehrgeiz nicht ab, als er sich selbst als Präsidentschaftskandidat der Libertären versuchte. Der Auftakt von Marrous Wahlkampf war eine Sensation. Die ersten Auszählungen der Vorwahlen im Örtchen Dixville Notch in New Hampshire ergaben für den amtierenden Präsidenten Bush neun Stimmen. Damit rangierte er als Zweiter hinter dem Libertären Kandidaten Marrou mit sage und schreibe elf Stimmen! „Das war viel besser, als wir erhofft hatten", erklärte der strahlende Kandidat. Die Libertären würden „die Partei des 21. Jahrhunderts". Doch bald nach diesem ersten Pyrrhussieg drohte Marrous Kampagne zu einem Reinfall zu werden, als im Sommer 1992 führende Mitarbeiter seines Wahlkampfteams das Handtuch warfen. In einem langen Memo baten sie die Parteiführung, Marrou als Präsidentschaftskandidaten von der Liste zu streichen. Der frühere Abgeordnete des Repräsentantenhauses von Alaska hatte es unterlassen, Alimente zu zahlen, was ihn davon abhielt, nach Massachusetts zu reisen, um eine drohende Verhaftung zu verhindern. Der im Immobiliengeschäft tätige Marrou hätte sich mit dem späteren Präsidentschaftskandidaten Trump nicht nur hinsichtlich des Selbstbewusstseins messen können, sondern auch mit Blick auf die Zahl der Ex-Frauen. Schuldenprobleme und andere Eskapaden kosteten den Schwerenöter schier die Kandidatur. Dank guter Graswurzelarbeit schaffte es die Partei jedoch, in allen 50 Bundesstaaten und in der Hauptstadt auf den Wahlzetteln zu stehen. Die von Marrou anvisierte Zahl von einer Million wurde aber nicht nur knapp verfehlt. Mit 290.000 Stimmen lag Marrou nur knapp über dem Krisenergebnis von 1984. Dass sich die libertäre Partei seit ihrem Debüt vor 20 Jahren wieder eine Frau zur Vizepräsidentschaftskandidatin gemacht hatte, half ebensowenig wie die Tatsache, dass es die Libertären zum ersten Mal seit 1980 wieder in allen Bundesstaaten auf die Wahlzettel geschafft hatten.

Nach dem Scheitern Ron Pauls, der als prinzipientreuer Reinemann in den Wahlkampf gestartet und als Papiertiger gelandet war, hatte die Partei Austritte libertärer Urgesteine zu verkraften. Murray Rothbard, der den Linkskurs der Libertären seit Jahren kritisierte, setzte sich von da an als erklärter „Paläolibertärer“ von den „Big Government Libertarians“ ab, die im Eifer des politischen Gefechts ihre philosophischen Prinzipien nur allzu gerne über Bord warfen. So sorgte die Nominierung des schrillen Radiomoderators Howard Stern als New Yorker Gouverneurskandidat bei den Wahlen 1994 für die libertäre Mediensensation des Jahrzehnts. Stern – eine späte Hippieerscheinung – hatte erst kurz zuvor mit seinem autobiographischen Werk „Private Parts“ einen Hit gelandet. Er gestand später, auch andere Buchtitel im Sinn gehabt zu haben wie „Ich, der Depp“, „Mein Kampf“ oder „Penis“. Intern rechtfertigte die Parteiführung die Nominierung Sterns mit seiner unzweifelhaften Popularität. Sterns Kandidatur sollte von den Libertären genutzt werden, um die nötigen 50.000 Stimmen zu holen, die nötig waren, um einen dauerhaften Posten ihrer Partei auf New Yorker Wahlzetteln zu erhalten. Dies sollte den Libertären künftig mühsames Unterschriftensammeln ersparen. Eine Mission, die 1974 zum ersten und letzten Mal gescheitert war. Trotz Sterns enormen Bekanntheitsstatus erregten einige seiner Ausfälle nicht nur wohlwollende Aufmerksamkeit. In einer improvisierten Rede bekräftigte der Radiomoderator seine politischen Fähigkeiten und betonte seine Inklusionsbereitschaft, der Gouverneur aller New Yorker Bürger werden zu wollen: „Ich sprach mit Schwarzen, ich sprach mit Puertoricanern, ich sprach mit allen möglichen angsteinflößenden Leuten." Sterns Wahlprogramm beschränkte sich einfacherweise auf drei Punkte: die Wiedereinführung der Todesstrafe, ein Verbot von Straßenbauarbeiten bei Tag und die Einführung einer empfindlichen Pkw-Maut, um Verkehrswege zu entlasten und seine Fahrten nach New York City zu erleichtern. Es bedurfte auch enormer Toleranz, Sterns Nominierung seines demokratischen Kandidaten für das Amt des Vizegouverneurs abzunicken. Um seinen Namen auf die Wahlliste setzen zu lassen, war Stern gemäß Gesetz verpflichtet, seine Finanzen offenzulegen. Als rechtliche Schritte gegen diese Verordnung scheiterten, zog der extrovertierte Gouverneursanwärter seine Kandidatur zurück. Die Veröffentlichung seiner Einkommensquellen betrachtete Stern, der sich für seine Autobiographie nackt hat ablichten lassen, als Verletzung seiner Privatsphäre.

Ins Wahljahr 1996 sollten die Libertären wieder optimistisch starten. Der Umzug der Parteizentrale in der Hauptstadt von der Pennsylvania Avenue in den berühmtberüchtigten Watergate-Gebäudekomplex war sogar dem „Wall Street Journal" eine Erwähnung wert. Die Libertären sind zwar in den meisten Wahlen eher wenig erfolgreich gewesen, doch schien ihre Philosophie so populär wie nie zu sein. Eine Gallup-Umfrage ergab, dass sich gleich hinter den „Konservativen" (35 Prozent) sage und schreibe 20 Prozent der Befragten als „libertär" bezeichneten. Die Meinungsauswertung ergab ein erstaunliches Bild: Ebenfalls nur 20 Prozent der Bevölkerung schienen sich als „liberal“ (amerikanisch „sozialdemokratisch“) zu verstehen. Die Deckung hinter dem demokratischen Präsidenten Bill Clinton und seine Wiederwahl schienen damit nicht in Stein gemeißelt zu sein. Der Vorsitzende der Libertären, Steve Dasbach, bezeichnete die Umfrageergebnisse als „gute Nachrichten“ für seine Partei. „Das bestätigt, dass Libertäre eine beachtliche politische Kraft in Amerika sind – mit einer größeren Unterstützung im Rücken als Ross Perot 1992.“ Dass Perot damals als dritte Alternative an den Start ging und fast 20 Millionen Stimmen holte – 68 Mal so viele wie die Libertäre Partei –, scheint Dasbachs These in ein eher humoristisches Licht zu rücken. Interessanterweise haben sich auch 20 Prozent der von Gallup Befragten als „populist“ geoutet. Ziemlich genau der Wert, den der als „populistisch“ charakterisierte Ross Perot bei der Wahl erhalten hatte. Realistischer erschien damals die Einschätzung eines Delegierten auf dem Libertären Parteitag in Washington, von dem aus unter anderem auch der Nachrichtensender CNN berichtete. Nur die wenigsten Libertären hätten die Illusion, dass ihr Präsidentschaftskandidat Harry Browne ins Weiße Haus gewählt werden könnte. Doch viele spürten, dass der kontinuierliche politische Kampf sie irgendwann zu einem ernsthaften Rivalen des Zweiparteiensystems machen könnte. Beachtlicherweise war es ihnen 1996 zum ersten Mal gelungen, sich zwei Wahlen in Folge in allen 50 Bundesstaaten und in der Hauptstadt zu stellen.

Immerhin gelang der Libertären Partei mit ihrem Kandidaten Browne, der sich in den 70ern einen Namen als Investmentbuchautor gemacht hatte, das zweitbeste Ergebnis ihrer Geschichte. Knapp unter einer halben Million Stimmen – das heißt ein halbes Prozent aller gemachten Kreuze landete auf dem Konto der Libertären. „Keine Experimente wagen“ lautete wohl das insgeheime Motto der Partei, die sich ein Novum erlaubte: Bei der Wahl im Jahr 2000 sollte Browne noch ein weiteres Mal antreten. Browne kam zugute, dass er durch seine Bücher auch unter unpolitischen Lesern einen gewissen Bekanntheitsgrad erreicht hatte. Ebenso vorteilhaft für ihn war, dass er sich rechtzeitig von den Lehren seines Mentors, Joseph „Andy“ Galambos, emanzipiert hatte. Der Philosoph Galambos brachte seinen Studenten bei, dass jede Idee zwangsläufig auf einen Urheber zurückzuführen sei. Bei jeder Nennung eines Gedankens sei der Urheber mit einer Entschädigungszahlung zu bedenken. Gemäß seiner Theorie der „primären Eigentumsrechte“ untersagte er seinen Schülern, seine Gedanken aus dem Seminarraum zu tragen und mit anderen zu teilen. Doch Harry Browne war kein kritikloser Anhänger des libertären Gurus und befreite sich erfolgreich aus seinem Bann. Als Bestsellerautor pflegte Browne seinen Lesern auf die Frage, was sie am besten tun sollten, zu antworten: „Machen Sie, was immer Sie für richtig halten.“ Browne war über viele Jahre so etwas wie einem libertären Star wohl am nächsten gekommen, von dem man annehmen konnte, dass er früher oder später einmal für die Libertäre Partei in den Ring steigen würde. An seinen relativen Wahlerfolg aus dem Jahr 1996 konnte

Browne 2000 allerdings nicht mehr anknüpfen. Die Partei verlor rund 100.000 Stimmen. Seine Strategie, vor allem durch Radioauftritte auf Stimmenfang zu gehen, war nur minder erfolgreich. Und sein analytischer, nicht-moralisierender Ansatz wurde zwar gemeinhin als angenehm empfunden, reichte aber nicht, um sich als drittstärkste Kraft in den Wahlen durchzusetzen. Über zehn Jahre nach Beendigung des Wahlkampfs sollte sein „Running mate", der Kalifornier Art Olivier, noch einmal in die Schlagzeilen geraten. In seinem Film „Operation Terror" beschreibt der Libertäre eine alternative Sichtweise der Anschläge des 11. September 2001.

Ebenfalls ein scharfer Kritiker des Establishments und seiner Machenschaften: Aaron Russo. Die kuriose Lichtgestalt hatte sich 2004 auf die libertäre Präsidentschaftskandidatur beworben. Der herzliche New Yorker mit kleinen Schlitzen unter den Augenbrauen und einem großen Mund war, bevor ihn ein Krebsleiden 2007 dahinraffte, ein wahres Organisationsgenie. Als junger Mann eröffnete er einen angesagten Club in Chicago. Und es gelang ihm als erstem, die britische Erfolgsband Led Zeppelin für einen Auftritt in die USA zu locken. Später produzierte er Spielfilme. Sein Streifen „Die Glücksritter" mit Eddie Murphy in der Hauptrolle war einer der meistgesehenen Blockbuster des Jahres 1983. In den 90ern wurde Russo zu einer Art Kunstaktivisten. Seinen Auftritt vor Publikum, in dem er gegen die Politik Clintons wetterte und vor einem sich anbahnenden Polizeistaat warnte, vermarktete er als Film. Als Republikaner kandidierte Russo 1998 um das Gouverneursamt in seiner Wahlheimat Nevada. Sogar

Hollywoodstar Jack Nicholson unterstützte den sympathischen Maulhelden in einer Audiobotschaft. Auf seiner Kampagnenseite warb Russo für einen verfassungsmäßigen Minimalstaat und die Wahrung der Eigentumsrechte der Bürger. Sogar ein Link zu seiner Sicht auf UFOs sollte seine Wähler, die sich mit angeblichen Geheimnissen um die Area 51 in ihrem Bundesstaat befassten, kurz und bündig informieren: „Während Sie sich um kleine, grüne Männer sorgen, stehlen große, reiche Männer ihr Land." In den Vorwahlen erreichte Russo einen sehr starken zweiten Platz.

2004 entschied sich Russo, für die Libertären in den Präsidentschaftsring zu steigen. Damals gab er höchstpersönlich eine Umfrage in Auftrag. Diese besagte, dass 19 Prozent der Befragten hinter ihm als Präsidentschaftskandidaten stünden. 55 Prozent aller vom Meinungsforschungsinstitut Rasmussen interviewten Personen unterstützten einen Auftritt Russos als Kandidat der Libertären gegen die Kontrahenten Bush und Kerry. Selbstbewusst bewarb sich der Filmveteran auf dem libertären Nominierungsparteitag. Eine knappe Mehrheit der Delegierten wählte ihn zum Präsidentschaftskandidaten. Jedoch reichte sein Vorsprung nicht aus. In der Stichwahl unterlag er seinem Konkurrenten Michael Badnarik. Der Ingenieur, der bereits Nuklearanlagen und den Stealth-Bomber mitentwickelte, inszenierte sich als Verfassungsexperte. Zuversichtliche Parteimitglieder sahen die wachsende Opposition zum Irakkrieg, die Beschneidung von Bürgerrechten und die wenig konservative Haushaltspolitik des Bush-Regimes als Zulaufschneisen der Libertären

Partei. Der Optimismus sollte sich im Wahlergebnis nur bedingt niederschlagen. Obwohl bereits im Jahr 2000 auch bei der Wiederwahl massive Wahlfälschungen zugunsten der Republikaner vermutet wurden und auch teilweise nachgewiesen werden konnten, war der schwache Stimmenzuwachs der Libertären wohl schwerlich herbeimanipuliert. Dabei war das libertäre Präsidentschaftsteam bestens ausgestattet. Der designierte Vizepräsident, Richard Campagna, ist nicht nur studierter Theologe, Sprach- und Politikwissenschaftler, sondern auch Anwalt mit psychologischer Schulung. Auf seiner persönlichen Webseite bewirbt er heute noch seine Radioauftritte als Vizepräsidentschaftskandidat mit libertären Moderatoren. Zwar kostet die Audio-CD nicht gerade billige 20 Dollar, jedoch ist eine persönlich unterschriebene Wahlkampfkarte im Preis inbegriffen. Auf das Angebot, zwei libertäre Kandidaten für den Preis eines Kreuzchens, gingen knapp 397.000 Amerikaner ein – immerhin eine Steigerung um über drei Prozent im Vergleich zum Jahr 2000.

Zur Zeit der Bush-Cheney-Regierung saß ein republikanischer Abgeordneter im Repräsentantenhaus, der unter Kongresskollegen als „Dr. No“ bekannt war. Er bewarb sich 1974 zum ersten Mal als Abgeordneter seines osttexanischen Wahlkreises. Damals verlor er die Wahl an den demokratischen Platzhirsch. Zwei Jahre später sollte der Demokrat in ein Gremium gewählt und sein Abgeordnetenstuhl frei werden. Diesmal konnte Ron Paul sich gegen einen Nebenbuhler behaupten und zog nach Washington. Nach seinem Versuch, mit einer libertären Präsidentschaftskandidatur einen freiheitlichen Sturm auszulösen, betätigte er sich eine Zeitlang in politischer Abstinenz. Um wieder für den Kongress zu kandidieren, nahm er seine alte republikanische Parteimitgliedschaft wieder an. Seine libertären Prinzipien streifte er jedoch nie ab. Als er sich 1996 entschied, wieder für das Repräsentantenhaus zu kandidieren, legte seine Partei den Panikmodus ein. Die republikanische Parteiführung unterstützte mit aller Kraft seinen inneparteilichen Rivalen in den Vorwahlen. Doch es nützte nichts. Ron Paul wurde nach langer Pause wieder in die Volksvertretung gewählt, denn seinen Ruf als standhafter Verteidiger des Rechts und der Freiheit hatte er nicht abgestreift. Kein Gesetz wollte er mittragen, dass nicht ausdrücklich von der Verfassung vorgesehen war oder zumindest die Eigentumsrechte der Bürger unverletzt ließ.

Paul genoss für seine Prinzipientreue Ansehen, nicht nur bei Kollegen, die ein ähnliches Freiheitsverständnis besaßen. Sogar Alan Greenspan ließ es nicht aus, Ron Paul im „Committee on Financial Services“, dessen Unterausschuss zu Geldpolitik und Technologie er sogar vorstand, seinen Respekt zu erweisen. Wohl kaum ein anderer Kritiker der staatlichen Notenpolitik kannte sich in der Materie und vor allem mit der Österreichischen Schule so gut aus wie Paul. Als im Präsidentschaftswahljahr 2004 Paul erneut für einen Wiedereinzug in den Kongress kandidierte, wagte es niemand in seinem Wahlkreis, gegen ihn anzutreten. Ron Paul war bezüglich der Aussichten seines Freiheitskampfes stets optimistisch. „Die Freiheitsphilosophie sollte nicht allzu herausfordernd sein, wenn man bedenkt, dass alles, was ich will, ist, die Leute in Ruhe zu lassen.

Das ist nicht gerade die Art von Bedrohung, die ein Autoritärer ausstrahlt.“

Ron Paul besaß etwas, das den meisten Politikern fehlte: Der intellektuell gereifte und gealterte Mann aus Texas hatte eine unbändige Ausstrahlung auf junge Menschen, die sich mit dem politischen System nicht identifizieren wollten. Ron Paul stand für Frieden, für Freiheit und für Wohlstand. Er führte die „Freiheit“ im Gegensatz zu seinen politischen Rivalen jedoch nicht nur als wohlklingenden Begriff im Munde, sondern trug ihn stets im Herzen. Seine gesamte Karriere und sein persönlicher Einsatz können als Beweis dafür herhalten. Es mag ironisch erscheinen, dass ausgerechnet ein Vertreter der republikanischen und nicht der libertären Partei zum Fahnenträger der Freiheit und zum Vorkämpfer libertärer Ideale wurde.

Die libertäre Partei betrachtete die „Ron Paul Revolution“ mit gemischten Gefühlen. Die meisten libertären Parteigenossen hätten den Kongressabgeordneten am liebsten als ihren eigenen Präsdentschaftskandidaten ins Rennen geschickt. Doch nach seiner Bewerbung als Libertärer 20 Jahre zuvor hielt es Paul nicht für angebracht, noch einmal die Seiten zu wechseln. Ihm ging es ohnehin um die Vermittlung der Idee der Freiheit, und die Plattform der Republikaner bot hierfür die besten Voraussetzungen. Eigentlich konnte nur ein Kandidat erfolgreich gegen Ron Paul antreten: Barack Obama. Nach acht verheerenden Jahren unter George W. Bush war die Mehrheit der Amerikaner bereit für einen Neuanfang. „Ron Paul 2008 – Hoffnung für Amerika“ war der offizielle Name der Kampagne, die deutlich machen wollte, worin die Hoffnung Amerikas noch immer liegt: freie Märkte, freies Geld und eine friedliche Außenpolitik.

Obama war der Kandidat der Platitüden und der Selbstdarstellung. Ron Paul wusste, wovon er sprach und worauf es ankommt. Interessanterweise nahm die Geldpolitik der Federal Reserve oder die Abschaffung der Einkommenssteuer keine zentrale Rolle im Wahlkampf des demokratischen Senators aus Chicago ein. Doch der Hype um Obama war künstlich. Die größte Sensation lag darin, dass ein Mulatte zum ersten Mal so große Chancen auf das Präsidentenamt hatte. Seine Zustimmungsraten von über 90 Prozent unter Schwarzen liegen auch mehr in kulturellen und ethnischen Erwägungen begründet, als es bei anderen Kandidaten der Fall war. Ron Pauls Popularität aber fußte auf seiner Authentizität und seinen logischen Argumenten, denen er gegenüber bloßer Emotionalität stets den Vorzug gegeben hatte. Der Organisator einer Online-Spendenaktion, die am 5. November 2007 Rekorde brechen sollte, stieß beim Surfen im Internet zufällig durch dubiose Profilbilder auf den libertären Politiker. Der unpolitische Internetnutzer wurde zum begeisterten Unterstützer und startete die „Geldbombe", wonach an einem Tag möglichst viele Spenden gesammelt werden und Pauls Wahlkampf zugutekommen sollten. Die Aktion verlief völlig unabhängig von der offiziellen Wahlkampfleitung und fußte ausschließlich auf dem Vertrauen und der Hingabe von Pauls Unterstützern. Es wurden innerhalb von 24 Stunden 4,3 Millionen Dollar gesammelt – mehr, als irgendeinem Republikaner jemals an einem Tag zugutegekommen war. Der Betrag stellte einen zustätzlichen

US-Rekord auf. Nicht einmal Obama oder der Kampagne irgendeines anderen US-Politikers war es bis dahin gelungen, an einem Tag einen solchen Betrag durch Online-Spenden zu aquirieren. Mit dem Spendenaufruf am 16. Dezember wurde der Rekord abermals gebrochen. Über sechs Millionen Dollar – der Großteil bestand aus Kleinstspenden – betrug die Rekordsumme, mit der Pauls Kampagne die erfolgreichste aller Zeiten wurde. Kein anderer Politiker vor ihm hatte es geschafft, an einem einzigen Tag mehr Spenden auf sich zu vereinigen.

Paul wurde zum Internetstar. Online hatte er bereits gewonnen. Im Januar 2008 zählte er über 131.000 Freunde im sozialen Netzwerk „MySpace" und gewann die digitalen Vorwahlen der Republikaner mit 37 Prozent. Auf Facebook konnte ihm nur Obama das Wasser reichen. Hillary Clinton besiegte er jedoch mit zehn zu neun Prozent. Seine Begeisterungsfähigkeit war im WWW ungeschlagen. Auf Youtube erlangten Ron Pauls Videos mehr Klicks als die des designierten Bush-Nachfolgers. Der libertäre Texaner war die ernsthafteste Gefahr für das republikanische Establishment. Bei einer Debatte der Republikaner erregte Paul den Zorn seines Mitstreiters Rudy Giuliani. Paul hatte es gewagt, die Außenpolitik der USA zu kritisieren. Dabei war alles, was er tat, aus einem staatlichen Bericht zu zitieren. Die Zurückweisung Pauls durch Giuliani wurde in den Mainstreammedien rauf und runter gespielt und wird der Popularisierung des Libertären mehr gedient denn geschadet haben. Jeder vernünftige Zuschauer von Pauls Debatten- und Wahlkampfauftritten wird sich zumindest für eine Sekunde über die offensichtliche Absurdität des

Politzirkus gewundert haben, dem sich der libertäre Einzelkämpfer ausgesetzt sah. Die Medien reagierten teils hysterisch, teils versuchten sie, die libertären Botschaften des Freiheitskandidaten zu ignorieren. Doch dafür war es bereits zu spät. Die Bewegung der Freiheit kannte im Jahr 2008 nur einen Namen: Ron Paul.

Was um alles in der Welt konnte da die Libertäre Partei diesem freiheitlichen Goliath, der sich daran machte, das politische Koordinatensystem der USA durchzuwirbeln, nur entgegensetzen? Die Libertären hatten bereits im Dezember 2007 in einer einstimmig verabschiedeten Resolution Paul die Präsidentschaft angetragen. Doch da war die Kampagne des damals 72-Jährigen bereits im vollen Gange, und mehrere Spendenrekorde waren schon gebrochen. Er hatte es geschafft, ehemalige Linke, Rechte sowie politisch nicht Engagierte für seine Bewegung – die Kampagne für die Freiheit – zu gewinnen. Märsche auf Washington wurden geplant, ein Werbezeppelin, der Pauls Namen trug, drehte seine Kreise über Amerikas Großstädte, begeisterte Familienväter, Mütter, Teenager, ja, sogar Greise verließen die heimischen vier Wände und den Computerschreibtisch, organisierten sich in Ron-Paul-Unterstützergruppen und nahmen an libertären und republikanischen Veranstaltungen teil.

Eine Begeisterung und Aufbruchsstimmung wie die der Abertausenden von Ron-Paul-Unterstützern hatte die libertäre Bewegung bis dato noch nicht gesehen – hatten die USA seit der Zeit der Bürgerrechts- und Friedensbewegung nicht mehr gesehen. Ron Paul wurde zum Inbegriff der friedlichen Revolution. Unzählige Parteilibertäre stürmten in Pauls Kampagne und unterstützten ihren Freiheitshelden mit ganzer Kraft. Die Stunde der Libertären war endlich gekommen. Die aufgehende Sonne der Freiheit stand am Horizont, und ihr Gesicht trug die Züge Ron Pauls. Kein anderer libertärer Jungspund konnte dem Freiheitsveteranen auch nur annähernd das Wasser reichen. Wer hätte im Jahr 2008 die Fackel der Libertären Partei tragen sollen? Ron Paul sollte es nicht sein. Die Wahl der Libertären sollte auf einen anderen ehemaligen Kongressabgeordneten fallen.

Bob Barr war erst im Jahr 2006 als Republikaner zur Libertären Partei gekommen. Der überzeugte Schnauzbart- und Prada-Brillenträger saß acht Jahre für seine Partei im Repräsentantenhaus und hatte damals als erster die Glocke gegen Bill Clinton geläutet und praktisch die Lewinsky-Affäre eingeleitet. Noch vor seiner Zeit als Abgeordneter machte sich Barr als kompromissloser Drogenkrieger einen Namen. Als Generalstaatsanwalt von Nord-Georgia war er ein rigoroser Lakai von Reagans „Krieg gegen die Drogen", den er im Kongress mit beispielloser Vehemenz fortsetzte. Das „Barr-Amendment", ein Gesetzeszusatz, der seinen Namen trug, blockierte jede Bürgerinitiative, Marihuana als Arzneimittel zugänglich zu machen. So half er mehrmals, Initiativen zu blockieren, die unter anderem Krebskranken erlaubt hätten, an medizinische Marihuana-Produkte zu gelangen. Die Initiative des übereifrigen Anwalts, derartige Gesetzesvorschläge künftig zu verbieten, wurde von einem US-Gericht als verfassungsfeindlich außer Kraft gesetzt. Noch im Jahr 2002 argumentierte Barr öffentlich gegen die „gefährliche und süchtigmachende

Droge“, die in seinen Augen medizinischer Hanf darstellte. Erst nach seinem Ausscheiden aus dem Kongress 2003 schien Barr nicht nur seine militante Haltung überdacht, sondern seine Sichtweise um 180 Grad gewendet zu haben. Er arbeitete fortan als Lobbyist des „Marijuana Policy Project“ und wirkte an der Lockerung seiner eigenen Anti-Marihuana-Gesetzgebung mit.

Einen ähnlichen Sinneswandel unternahm Barr auch im Falle des berüchtigten Patriot Act, nach dem verfassungsmäßige Bürgerrechte im permanenten Krieg gegen den Terror aufgeweicht wurden. Barr stimmte sowohl für den Patriot Act als auch für die Irak-Resolution, die einen Militärschlag gegen das nahöstliche Land einleitete, um sich dann nach Ablauf seines Mandats gegen die Maßnahmen auszusprechen. Selbst wer dem begabten Juristen seinen plötzlichen Sinneswandel abgekauft hat, wird sich spätestens während Barrs Präsidentschaftswahlkampf 2008 gewundert haben, wo die Forderung zur Beendigung des zerstörerischen Drogenkrieges geblieben war. Eigenen Angaben zufolge war es seine Mutter, die ihm die libertäre Philosophie Ayn Rands beigebracht hatte. Als Abgeordneter sei er oft von ihr ermahnt worden, da er sich in einen „glühenden Sozialdemokraten“ („flaming liberal“) verwandelt habe, wie er der „New York Times“ nur zehn Jahre vor seinem Sturm aufs Weiße Haus gestand.

„Es ist eine absolute Schande, dass die Libertären ihre Werte verraten und Bob Barr als Präsidentschaftskandidaten aufstellen.“ Die junge libertäre Kandidatin Christine Smith zeigte sich auf dem Nominierungsparteitag entrüstet und sah nicht ein, wie ein „Konservativer“, der den

„Wohlfahrts- und Kriegsstaat“ mittragen konnte, nun die Libertären im Lande im Wahlkampf repräsentieren könne. Es sei mit massiven Parteiaustritten zu rechnen, so die libertäre Nachwuchspolitikerin. „Sie werden Ron Paul unterstützen. Ich unterstütze das auf jeden Fall.“ – „Wieso genau sind Sie gegen Bob Barr?“, will ein Reporter wissen. „CIA, ehemaliger Bundesstaatsanwalt. Das ist ein Mann, der uns noch viel zu beweisen hat.“ Die Kritikerin bezog sich auf Barrs Arbeit für den berüchtigten amerikanischen Auslandsnachrichtendienst während seiner Zeit als Jurastudent an der elitären Georgetown University. Es ist nicht ganz klar, wann Barr seine Tätigkeit als Geheimdienstmitarbeiter eingestellt hat. „Fake-Libertärer“ nannten ihn viele Freiheitsfreunde. Barr überzeugte jedoch die Mehrheit der Partei, ihn als Präsidentschaftskandidaten zu nominieren, da er Washington bereits kenne und viele gute Beziehungen pflege. Gut fünf Millionen Stimmen werde er mit den Libertären bei der Präsidentschaftswahl holen. Nachdem sich Ron Paul nicht hatte aufstellen lassen und einer Kandidatur außerhalb der republikanischen Plattform eine deutliche Absage erteilt hatte, war Barr wohl so etwas wie der Ersatz-Paul. Zumindest glaubte er an freie Märkte und gestand all seine Fehler aus der Vergangenheit ein. Was also hätte mit Barr schon schiefgehen können? Ein geläuterter Ex-Abgeordneter stand auf der libertären Bühne. Ein Phönix aus der Asche? Man hatte nichts zu verlieren.

Im Juni 2008 erklärte Ron Paul seinen Rückzug aus dem Wahlkampf. Er hatte sich wacker geschlagen. Abermillionen von Menschen, nicht nur in den USA, sondern auf der ganzen Welt, hatte er mit dem Freiheitsvirus infiziert. Das Feld wollte er aber nicht kampflos seinem Rivalen, dem Kriegshetzer John McCain, überlassen, der ihn, mit dem Kapital von Großkonzernen und den Medien im Rücken, stimmenmäßig übertrumpft hatte. Er führte seine Kampagne für die Freiheit weiter, verbreitete weiterhin besonders über seine Internetplattform und andere Medien seine Ideen und förderte eifrig Nachfolger. Außerdem sollte es ja nicht die letzte Präsidentschaftswahl in den USA gewesen sein. Das größte und auch künftige Hindernis im Kampf für die Freiheit sah Paul, und viele andere, im scheinbar unüberwindbaren Zweiparteiensystem. Noch nie war es einem Kandidaten einer dritten Partei gelungen, das korrupte Regime zu stürzen und die Regierungsverantwortung zu übernehmen. Paul telefonierte mit Kollegen. Er sah seine Rivalen, die Präsidentschaftskandidaten der kleinen Parteien, nicht als Konkurrenz, sondern als Verbündete. Sie hatten einen gemeinsamen Feind: die bipolare Machtordnung. Die Bürger sollten sich endlich des eigentlichen Problems bewusst werden und aufhören, die immer selben Parteien und Problemverursacher an die Macht zu wählen. Als Libertärer war sich Paul natürlich bewusst, dass auch kleinere Parteien die größeren nicht einfach ersetzen könnten. Das Problem lag schließlich tiefer und war ein wesentlicheres. Man musste den zerstörerischen Konsens der „Republikraten" aufbrechen, der das destruktive System so lange am Leben gehalten hatte.

Paul einigte sich mit den Vertretern der Libertären, der Grünen, der Verfassungspartei und dem noch parteilosen Ralph Nader auf ein Vier-Punkte-Programm. An erster

Stelle stand die Beendigung des Irakkriegs und der Abzug amerikanischer Truppen – auch aus Gebieten wie Europa und Asien, in denen seit langem Frieden geherrscht hatte. Kriegspropaganda müsse ein Ende finden, ebenso wie Drohungen gegenüber friedlichen Staaten. „Wir müssen bereit sein, mit allen Ländern zu reden und allen Freundschaft und Handel anbieten, die dazu bereit sind." Zweitens müsse die Privatsphäre der Bürger wieder respektiert und verfassungsfeindliche Gesetze wie der Patriot Act abgeschafft werden. Der Rechtsstaat müsse wieder respektiert und illegitimer Machtausübung ein Riegel vorgeschoben werden. Drittens müsse die Verschuldungspolitik der Regierung ein Ende finden. Letztlich vertrat die lose Allianz auch Pauls vierten Punkt: „Die Federal Reserve: Wir verlangen eine gründliche Untersuchung, Evaluation und Anhörung des Federal-Reserve-Systems und seiner engen Beziehungen zu Finanzinstitutionen, Konzernen und anderen Institutionen. Die willkürliche Macht, Geld und Kredit aus dem Nichts und hinter verschlossenen Türen für den geschäftlichen Nutzen zu erzeugen, muss ein Ende finden. Es sollte keine Kreditspritzen für Konzerne und keine Subventionen geben. Konzerne sollten für ihre Verbrechen und Vergehen vehement zur Verantwortung gezogen werden."

Paul mischte hier seine freimarktwirtschaftlichen Ansichten mit ein wenig linker Rhetorik, und es gelang ihm ein historischer Husarenstreich. Die Präsidentschaftskandidaten der führenden Kleinparteien, darunter ehemalige Kongressabgeordnete, hatten sich hinter die libertären Forderungen des Texaners gestellt. Die moralische Autorität und politische Führungsposition Pauls standen auch nach seinem Wahlrücktritt in der außerparlamentarischen Opposition weitgehend außer Frage. Pauls Mission, möglichst viele Menschen mit seiner Freiheitsphilosophie in Berührung und das Establishment in Bedrängnis zu bringen, zeigte erste Früchte. Auf einer Pressekonferenz im September, nur zwei Monate vor den Präsidentschaftswahlen, wendete sich der libertäre Politaktivist an sein Publikum. Obwohl die Veranstaltung nicht von Paul alleine, sondern auch von seinen Mitstreitern aus den führenden Kleinparteien mitgetragen wurde, waren die meisten Zuschauer wegen ihm da. „Bitte keinen Applaus“ forderte der hagere Kongressabgeordnete von seinen Fans, der die Veranstaltung nicht zur Selbstdarstellung nutzen wollte. Paul begrüßte seine Gäste, McKinney, Baldwin und Nader. „Ich habe verstanden, dass Bob Barr auf dem Weg ist… oder…“ Paul ließ seinen Blick fallen und fuhr mit gesenkter Stimme fort: „dass er bald hier eintreffen wird”. Sein Gesichtsausdruck vermittelte in diesem Moment wenig Anzeichen von Vorfreude. Bob Barr, der Vertreter und Spitzenkandidat der Libertären, hatte ihn und den Rest der Mannschaft einfach sitzen lassen. Der Veranstaltungsbeginn war bereits um einige Minuten hinausgezögert worden. Dann die unerwartete und endgültige Nachricht: Barr werde nicht kommen. „Ich kann nicht glauben, dass er mich einfach so hängen lässt“, soll Paul kurz vor dem Start der Pressekonferenz gesagt haben. Besonders tragisch für Barr: Er hatte die Eingangsrede des Veranstalters verpasst. Paul sprach Klartext: „Ich bin nach vielen Jahren in der Politik zur Überzeugung gelangt, dass Präsidentschaftswahlen sich eher als Farce erweisen." – „Es ist eine Farce." Die Präsidentschaftskandidaten der Großparteien hätten die dumme Angewohnheit, die Punkte, die auf der Konferenz verkündet wurden – darunter das Scheingeldsystem – nicht einmal anzusprechen. Die Mehrheit der Bevölkerung werde vom politischen System nicht repräsentiert. Vielmehr sei sie unzufrieden und zeige sich zunehmend von den Eliten enttäuscht. Eines der Hauptübel liege in der Regelung begründet, wonach es Nicht-Establishment-Kandidaten kaum gelingen könne, zu Präsidentschaftsdebatten zugelassen zu werden. Das könne gar nicht „demokratisch" sein, so Paul. „Der politische Prozess funktioniert nicht."– „Wenn Sie sich vorstellen, was wir in der Welt machen, im Namen der Demokratie, und Menschen sterben – das ist eine Tragödie." Der Kongressabgeordnete erinnerte sich während seines Vortrags, dass Bill Clinton vor Jahren in einer Rede seinen geistigen Mentor erwähnt habe. „Sein Name war Carroll Quigley. Er schrieb das Buch ‚Tragödie und Hoffnung'." Paul waren damals bereits der Autor und auch sein Werk bekannt, aus dem er vor laufenden Fernsehkameras eine Passage zitierte. Quigey galt als Insider der „Leute hinter der Kulisse":

„Das Argument, dass die zwei Parteien widerstreitende Ideale und Politiken repräsentieren würden, eine davon vielleicht auf der rechten, die andere auf der linken Seite, ist eine dumme Idee, die nur doktrinären und akademischen Denkern annehmbar erscheint. In Wahrheit ist es so, dass die zwei Parteien fast identisch sein sollen, so dass das amerikanische Volk bei jeder Wahl die ‚Schufte hinauswerfen' kann, ohne dass sich irgendetwas Grundlegendes in der Politik ändern würde.“

„Ich glaube, das ist eine tiefgründige Aussage“, so Paul, „denn sie zeigt uns, was abläuft und wieso sich die Dinge nicht ändern.“ Pauls Deutung des Buchtitels, aus dem das Zitat stammt, lautete: „Es ist eine Tragödie, wenn man das nicht einsieht, und es gibt Hoffnung, wenn man weiß, wer den Laden schmeißt.“ Den aufkommenden Applaus des Publikums wiegelte Paul immer wieder durch ein Heben und Senken seiner Hände ab. Die Veranstaltung diene nur informativen Zwecken, und es sei Zeit, dass auch die anderen vier Podiumsteilnehmer zu Wort kämen. Doch der vierte Stuhl sollte bis zum Ende der Pressekonferenz unbesetzt bleiben. Nachdem die Grünen-Vertreterin Cynthia McKinney die vier Säulen ihrer Partei genannt hatte, darunter „ökologische Weisheit“ und „soziale Gerechtigkeit“, hätte man spätestens da Paul libertäre Verstärkung gewünscht. Wenigstens nannte der Kandidat der Verfassungspartei, Chuck Baldwin, Paul den „Champion der Verfassung“.

Ralph Nader, der „Anwalt der Verbraucher“, sah in der Veranstaltung den Beginn der Neuausrichtung der amerikanischen Politik. Ein historisches Ereignis – ganz ohne den libertären Spitzenkandidaten. Nachdem sich Paul, seine Mitstreiter und die meisten seiner Anhänger und Journalisten verabschiedet hatten, bereiteten die ersten eifrigen Hände eine neue Pressekonferenz im selben Saal vor. Wahlkampfhelfer Barrs verteilten Zettel an den Ein- und Ausgängen des Saals. Der libertäre Präsidentschaftskandidat habe eine „wichtige Wahlkampfankündigung“ zu machen. Zwei Stunden nach Ende der Paulschen Pressekonferenz begrüßten der libertäre Präsidentschaftskandidat Bob Barr und sein designierter Vize, Wayne Allyn Root, die wenigen Dagebliebenen im Raum. Barr kritisierte Pauls Pressekonferenz und rechtfertigte sein Fernbleiben. Paul hätte nicht einfach so die Vertreter der Kleinparteien zu einer gemeinsamen Veranstaltung einladen und unterstützen dürfen. „Ich bin nicht daran interessiert, dass den Drittparteien möglichst viele Stimmen zukommen. Ich bin daran interessiert, dass Bob Barr als dem Kandidaten der Libertären Partei möglichst viele Stimmen zukommen", so der libertäre Schnauzbartträger über sich selbst. Dann ließ Barr die Bombe platzen: Er forderte Paul auf, sich an seine Seite zu stellen und für ihn den Vizepräsidentschaftskandidaten zu spielen. Dabei saß sein Mitstreiter und designierter Vize Wayne Root neben ihm. Doch dieser zeigte sich selbstlos. Er werde seine eigene Kandidatur für das Wohl der Partei opfern. Die meisten im Publikum waren Ron-Paul-Anhänger und über die unverhohlene Respektlosigkeit des libertären Duos empört. „Ich werde meine Unterstützung für ihn zurückziehen", erklärte ein Gast nach der Veranstaltung. „Ich wollte für den Typen stimmen, aber ich denke, er ist ebenso arrogant wie George Bush", äußerte ein anderer. Einige verärgerte Libertäre starteten eine Petition, in der sie Barrs Rückzug von seiner Kandidatur forderten.

Am selben Tag erklärte Barr an der Seite seines Wahlkampfkumpanen auf Fox News seine Haltung: „Wir glauben, es geht um Führung und um die Leitung der Freiheitsagenda. Man kann das nicht innerhalb der Republikanischen Partei machen, wie Ron Paul das versucht." Barr stellte fest, dass der Zeitpunkt für Ron Paul, die Führung in der Libertären Partei zu übernehmen, vorbei sei. Es würde sich nur für ihn und die Partei lohnen, jetzt noch als Vizepräsidentschaftskandidat unter Barr anzutreten. „Wir warten nicht", erklärte Barr mit Blick auf sein großzügiges Angebot. „Falls Ron uns nicht in den nächsten Tagen Bescheid gibt, denke ich, wird die Antwort ziemlich klar sein."

Eine klare Haltung forderte Barr von Paul auch in Bezug auf die Frage, welchen Kandidaten er denn nun unterstütze. Paul hatte es seit seinem eigenen Ausscheiden vermieden, sich auf einen Kandidaten festzulegen. Von Barr nun massiv in die Ecke gedrängt, erklärte Paul auf seiner Webseite: „Der Kandidat der Libertären Partei hat mich dafür getadelt, dass ich mich im Präsidentschaftswahlkampf ‚neutral gehalten' und nicht genannt habe, für wen ich im November stimmen würde. Es stimmt; ich habe genau das getan – aus Respekt und Freundschaft und Unterstützung von Mitgliedern sowohl aus der Verfassungs- als auch aus der Libertären Partei. Ich bleibe ein lebenslanges Mitglied der Libertären Partei, und ich bin langjähriger Kongressabgeordneter. Es verstößt nicht gegen das Gesetz, in mehr als einer politischen Partei zu sein. Chuck Baldwin ist ein langjähriger Freund und war ein aktiver Unterstützer meiner Präsidentschaftskampagne. Ich wünsche sowohl der Verfassungs- als auch der Libertären Partei alles Gute. Je mehr Stimmen sie kriegen, desto besser. Ich habe über die Jahre häufig Parteitage der Libertären Partei besucht. Ich habe über den unaufgeforderten Ratschlag des Kandidaten der Libertären Partei nachgedacht, und er hat mich nun überzeugt, meine neutrale Haltung bezüglich der Wahl im November zu überdenken. Ich unterstütze Chuck Baldwin, den Kandidaten der Verfassungspartei."

Damit hatte nun auch Paul eine Bombe gezündet. Bob Barr hatte sich durch sein Verhalten wie überhaupt schon durch sein lasches Auftreten im Wahlkampf als libertärer Kandidat diskreditiert. Doch der künstliche Streit mit Paul war für die meisten Libertären einfach zu viel. Parteigründer David Nolan erklärte auf seiner Webseite, dass Barrs Kampagne wenige Wochen vor der Wahl bereits zu Ende sei. Er wollte zwar keinem Libertären verbieten, für Barr zu stimmen, jedoch riet er davon ab, für seine Kampagne Geld zu spenden. Die Begeisterung für Barr wurde von dem inszenierten Geplänkel mit dem libertären Helden Ron Paul nur wenig angeregt. Die Strategie des Juristen scheint auch in der Nachschau alles andere als eindeutig. Auf seiner Kampagnenseite warb Barr mit gemäßigt libertären Alternativen zur bisherigen Politik. Er versprach einen Truppenabzug aus dem Irak und eine vernünftigere Haushaltspolitik. Zum Stichwort „Drogenlegalisierung" fand sich kein einziger Eintrag. Das Thema schien dem ehemaligen Drogenkrieger wohl inzwischen peinlich. Als er von einem TV-Moderator in die Ecke getrieben wurde, gestand er kleinlaut, sich selber nicht für die Freigabe „härterer" Drogen als Marihuana einsetzen zu wollen. „Schickt ihnen eine Botschaft" lautete einer seiner Slogans und erinnerte wohl unfreiwillig an die leere Floskel, die der erste libertäre Gouverneurskandidat Jerome Tuccille immer wieder wiederholen sollte. „Verwirren Sie die

Wähler nicht", rieten die Wahlkampfexperten Tuccille Anfang der 70er. „Die meisten von ihnen sind Schwachköpfe. Denken Sie einfach daran, Ihre Gegner bei jeder möglichen Gelegenheit zu attackieren, lächeln Sie in die Kamera und erzählen Sie allen: ‚Ich kandidiere, um ihnen eine Botschaft zu schicken, die sie nicht ignorieren können!'" Doch Barr hatte sogar Probleme mit dem Lächeln. Der Espresso-süchtige Ex-Geheimdienstmitarbeiter hatte den Charme einer Bananenschale – und hätte man 2008 Ron Paul gefragt, wohl den einer Bananenschale, die sich selbst immer wieder vor den Schritt legt. Auf Youtube findet man nicht viele Auftritte des libertären Kandidaten. Während einige von Ron Pauls Reden mehrere Millionen Klicks erzielt haben, kommt die Aufnahme einer Frage-und-Antwort-Stunde mit Barr gerade einmal auf 52 (online: 29. August 2008, Stand: August 2016). Der Barr-Begeisterte entschuldigt sich in der Videobeschreibung für die schlechte Tonqualität. „Es fand eine mexikanische Hochzeit im Nebenraum statt."

Der Ausgang der 2008-Wahl versprach keine Sensationen. Der Hype um Barack Obama war am Kochen. Ob Paul einen der beiden Favoriten als „kleineres Übel" unterstützen würde, wollte CNN-Reporter Wolf Blitzer wissen. „Ich mache das nicht", so der libertäre Arzt lakonisch. „Übel ist übel." Der Wahlausgang war wenig überraschend. Das kleinere Übel der Libertären, Bob Barr, kam auf knapp eine halbe Million Kreuze. Er stand abgeschlagen hinter Ralph Nader, der den dritten Platz für sich verbuchen konnte. Obwohl Paul seine Kandidatur bereits im Juni aufgegeben hatte, bekam er in Kalifornien und zwei weiteren Staaten, wo er gelistet war, insgesamt über 42.000 Stimmen. Für die von Paul unterstützte Verfassungspartei stimmten rund 200.000 Leute. Der Wahlausgang war für die libertären Optimisten ernüchternd und für Barrs Kritiker alles andere als überraschend. Obwohl der libertäre Präsidentschaftskandidat und sein Vize Root das Ergebnis als zweitbestes in der Geschichte der Partei ausgeben konnten, war die Kampagne ein einziges Fiasko. Einen Monat nach der Wahl resümierte Parteigründer David Nolan in der Lew Rockwell Show: „Barrs Kampagne war die schlechteste in der Geschichte der Partei.“ Er hatte im Laufe des Wahlkampfs nur knapp über eine Million Dollar gesammelt, dafür rund 1,5 Millionen ausgegeben. Von den anvisierten fünf Millionen Stimmen konnte gerade einmal ein Zehntel eingefahren werden. Barrs lascher Wahlkampf hatte Nolan bewiesen: Die Partei musste sich wieder radikalisieren. Pauls ehemaliger Büroleiter in Washington, Lew Rockwell, stimmte ihm zu: „Ich würde mir wünschen, dass die Libertäre Partei auch libertär ist. Als Angehöriger der Vegetarierpartei wäre ich erschreckt, wenn meine Partei das Essen von Hühnchen predigen würde.“ Der Abfluss von Parteimitgliedern sollte keine leere Befürchtung bleiben. 2008 verzeichneten die Libertären etwa halb so viele Mitglieder wie noch acht Jahre zuvor. Barrs Strategie, von Bush enttäuschte Republikaner anzulocken und so weit wie möglich das Wort „libertär“ zu vermeiden, war gescheitert. Es darf im Rückblick fast bezweifelt werden, ob Barrs Wahlkampfstrategen ihre Sache überhaupt wirklich ernst genommen hatten. Man war in nur 45 Staaten angetreten – das schlechteste Ergebnis seit 1984. Und das Budget der Partei für das Folgejahr war das niedrigste seit 1992. Falls jemand das Ziel verfolgt haben sollte, die Partei herunterzuwirtschaften: Mission accomplished.

Auch 2011/12 sollte Ron Paul Rothbards Hoffnung wahr werden lassen, dass ein Libertärer den Präsidentschaftswahlkampf für die Verbreitung freiheitlicher Ideen nutzen könnte. Viele, auch Ron Paul, waren zunächst etwas skeptisch und befürchteten, dass der Enthusiasmus der vergangenen Kampagne unwiederbringlich verflogen sein könnte. Ein neues Gesicht stand bereits in den Startlöchern und machte bei ersten Umfragen eine gute Figur: der Medienmogul Donald Trump spielte mit dem Gedanken, seinen Hut in den Ring zu werfen. Auf der Conservative Political Action Conference (CPAC) der Republikaner im Februar 2011 in Washington wurde der Milliardär von enthusiastischen Paul-Anhängern unterbrochen: „Wählt Ron Paul", riefen sie immer wieder. Als die Paul-Fans die Rede des Neurepublikaners abermals mit Zwischenrufen übersäten, platzte Trump der Kragen: „Ich mag Ron Paul und denke, er ist ein guter Kerl. Aber er hat null Chancen, gewählt zu werden, tut mir leid!" Die Ron-Paul-Anhänger waren vor den Kopf gestoßen. Einen arroganten Schnösel wie Trump würden sie sicher nie unterstützen. Paul selber blieb gelassen. „Ich wurde bisher elf Mal gewählt und jemand meinte: ‚Nun, wie oft wurde Donald Trump denn bisher gewählt?' Hat er wirklich das Recht, andere zu kritisieren und zu behaupten, sie seien nicht wählbar?" Die Ergebnisse der republikanischen Straw Polls, die einen Vorgeschmack auf die Namen künftiger Kandidaten lieferten, sorgten auch 2011 wieder für Sensationen. Bereits im Jahr zuvor besiegte Paul beim CPAC-Straw Poll Mitt Romney, der in den vorherigen Jahren immer in Führung gelegen war. Auch 2011 gelang es Paul abermals, bei den republikanischen Konferenzteilnehmern als erster aus dem Rennen zu steigen. Mit 30 gegen 23 Prozent besiegte Paul den späteren Präsidentschaftskandidaten Romney in der bedeutenden Umfrage. An den Erfolg von 2008 sollte Paul nicht nur anknüpfen, sondern sogar neue Rekorde aufstellen. Bis zum März hatte Pauls Unterstützergruppe bereits über eine Million Dollar gesammelt. Pauls Popularität war unbestritten. Anfang Mai nahm er an einer republikanischen Debatte teil, als einer von nur fünf Kandidaten. Am selben Tag – eine Woche bevor er seine Präsidentschaftskandidatur offiziell verkünden sollte – spendeten ihm Unterstützer insgesamt eine Million Dollar. Zur gleichen Zeit zeichnete sich ab, dass Donald Trump nun doch nicht für die Republikaner ins Rennen steigen würde. „Letztlich ist die Geschäftswelt meine größte Leidenschaft, und ich bin noch nicht bereit, den privaten Sektor zu verlassen", so der blonde Krösus siegesunsicher. Selbstbewusst stellte sich Paul den ersten Debatten. Er erntete für seine mutige Haltung bezüglich einer friedlichen Außenpolitik neben Buhrufen auch enorme Unterstützung. Wieso Paul, der innerhalb der Republikaner stets unter den ersten Drei rangierte, so wenig Sendezeit zugestanden wurde, verwunderte auch ehrlichere Journalisten. Ein Fox-News-Reporter fragte den ergrauten Freiheitshelden, wovor die Medien wohl so sehr Angst hätten. „Sie wollen meine Ansichten nicht diskutieren", so Paul, „weil sie, wie ich glaube, fürchten, dass ich den Status quo und das Establishment herausfordere".

Respekt erntete Paul nun scheinbar sogar von Donald Trump, der im August 2011 tweetete: „Ron Paul hat ein paar ernsthafte Ideen, die ernsthafte Beachtung verdienen. Es ist falsch von den Medien, dass sie ihn ignorieren."

Ein republikanischer Mitstreiter, der noch weniger als Ron Paul beachtet wurde, war Gary Johnson. Johnson wurde wegen schlechterer Umfragewerte zu deutlich weniger Debatten zugelassen als sein texanischer Rivale. Der libertäre Ex-Gouverneur, der meist als „libertarian leaning" tituliert wurde, genoss seine Sternstunde bei einer Debatte im September. Als ihm das Wort zur Arbeitsmarktpolitik erteilt wurde, sagte er: „Die beiden Hunde meines Nachbarn haben mehr Arbeitsplätze (shovel-ready jobs) geschaffen als die jetzige Regierung." Mit seinem Kommentar erzeugte Johnson ungehaltenes Gelächter im Publikum und sogar bei seinen Mitstreitern auf der Bühne. Er unterließ es nicht, seiner humoristischen Einleitung einen ganz ernst gemeinten Vorschlag zur Steuerreform folgen zu lassen. Es war einer der wenigen Auftritte Johnsons, der dem bekannteren Paul stimmenmäßig einfach nicht das Wasser reichen konnte. Seine Popularität hatte Paul bestimmt keiner kostenlosen Extra-Werbung als vielmehr seiner über Jahrzehnte bewiesenen Prinzipientreue zu verdanken. Im November kamen dem Kongressabgeordneten bei der einstündigen CBS-Debatte gerade einmal 90 Sekunden an Redezeit zu. Dubioserweise sollte Paul der Einladung zu einer anderen TV-Debatte, die für Ende Dezember angesagt war, nicht nachkommen. Paul selbst wie auch sein Wahlkampfteam reagierten brüskiert auf die Ansage, dass ausgerechnet Donald Trump die Debatte moderieren sollte. Die Einladung, an der TV-Veranstaltung teilzunehmen, ging an die führenden republikanischen Präsidentschaftskandidaten. Der ehemalige Drogenkrieger, Sprecher des Repräsentantenhauses und Trump-Freund Newt Gingrich sagte sofort zu. Eine spontane Absage erteilten der überraschenden Einladung Ron Paul und sein Mitstreiter Jon Huntsman. Pauls Wahlkampfteam erklärte: „Mr. Trumps Teilnahme als Moderator würde von Fragen und Antworten ablenken, die wichtige Dinge wie die Wirtschaftslage, die Staatsverschuldung, die Rolle der Regierung und die Außenpolitik betreffen. Um es klar zu sagen: Mr. Trumps Teilnahme würde eine ungewollte, zirkusartige Atmosphäre erzeugen."

Trump reagierte schroff auf Pauls Absage. „Wenige Leute nehmen Ron Paul ernst, und viele seiner Ansichten und sein Gebaren machen ihn zu einem clownesken Kandidaten", konterte der New Yorker Möchtegernmoderator die klare Abfuhr des Texaners. Letzten Endes kam die skurrile Begegnung, die von der Mediengruppe Newsmax gesponsert werden sollte (die Clinton-kritisches Material vertrieben hatte) aber gar nicht zustande. Fast alle Kandidaten hatten dem Debattentheater unter Trumpscher Leitung die Teilnahme verweigert. Hätte man Gary Johnson eingeladen, er wäre sicher gekommen und hätte wahrscheinlich noch seine Freunde mitgebracht, um sie stolz im Publikum zu plazieren. Bei 14 von 16 Debatten hatte man ihm die Tür vor der Nase zugeschlagen. Die Umfragewerte waren zwar nicht rosig, doch hatte er die Debatte im September laut einigen Kommentatoren nicht für sich behaupten können und durch seinen Hundewitz eine ganze Nation 30 Sekunden lang erheitern können? Viel länger schien die Haltbarkeitsdauer seiner weiteren republikanischen Präsidentschaftskandidatur nicht zu sein. Im Dezember nahm er seinen Hut und schmiß ihn für die Libertären in den Ring.

„Ich bin der Überzeugung nach ein Libertärer. Ich war ein erfolgreicher libertärer Gouverneur, nur nicht dem Namen nach, und nun kandidiere ich für das Präsidentschaftsamt als Libertärer." Johnson hatte keine Schwierigkeiten als langjähriger Gouverneur mit durchaus freiheitlichen Ansichten, sich als Vertreter der Libertären Partei durchzusetzen. Noch ehe er als Kandidat feststand, machte sich Ron Paul daran, die Vorwahlen der Republikaner zu erschüttern. Meist unter den ersten drei, schaffte es Paul vermehrt, Aufmerksamkeitserfolge zu erzielen und in Staaten wie Minnesota dem Parteifavoriten Mitt Romney den zweiten Platz zu stehlen. Im Februar rang sich der Paul-Kritiker Donald Trump durch, Romney öffentlich als Präsidentschaftskandidaten zu unterstützen. Dabei hatte es Trump in der Vergangenheit selten ausgelassen, den ehemaligen Gouverneur scharf zu kritisieren. Im April 2011 prophezeite der Baulöwe sogar Romneys kommende Niederlage. Paul kommentierte die medienwirksame Showeinlage des New Yorkers: „Reality-TV-Star Donald Trump, der (die Demokraten) Harry Reid und Charlie Rangel unterstützt und finanziert hat, wird heute nach Nevada reisen, um einen republikanischen Kandidaten zu unterstützen? Bitte erklären Sie uns, wieso das irgendjemanden kümmern sollte?" Als Paul zum zweitstärksten republikanischen Präsidentschaftskandidaten aufgestiegen war, kümmerten sich immer mehr Menschen um die libertäre Hoffnung aus Texas. Als Paul Leibwächter des Secret Service beschützen sollten, die dem Kandidaten in der heißen Phase des innerparteilichen Wahlkampfs aus Sicherheitsgründen zustanden, winkte er ab. Er habe seine eigenen Leibwächter, und den staatlichen Sicherheitsschutz sehe er als „eine Form von Wohlfahrt", auf die er lieber verzichten wolle, erklärte er in der Tonight Show mit Jay Leno.

Paul konnte zwar in so gut wie keinem Staat bei den Vorwahlen einen Sieg vorweisen, jedoch sah seine Strategie, dennoch ins Weiße Haus zu gelangen, zeitweise sehr erfolgversprechend aus. So kam er mit 21,43 Prozent in Iowa nur als Dritter ins Ziel, jedoch kamen ihm später 21 der 25 Delegierten zu. Paul schaffte es auch in Massachusetts, dem Heimatstaat des Erstplazierten, Mitt Romney, die Mehrheit der Delegierten für sich zu gewinnen. In Nevada kam ihm sogar eine Unterstützung von 88 Prozent der Delegierten zu. Eine Rasmussen-Umfrage vom Mai 2012 ergab für das fiktive Rennen Paul gegen Obama ein Patt: Jeweils 42 Prozent der Befragten sprachen sich für beide Kandidaten aus. So nahe hatte sich Paul noch nie am Weißen Haus gesehen wie jetzt. Prominente Konservative wie Joe Scarborough oder Barry Goldwater, Jr. unterstützten seine Kandidatur. Ebenso taten dies nach seinem Ausscheiden Gary Johnson und der ehemalige Wrestling-Star und Gouverneur Jesse Ventura. Auch Paypal-Mitgründer Peter Thiel stimmte in den Chor der Paul-Unterstützer ein. Sogar Popstars wie Kelly Clarkson, der Rapper Snoop Dogg, der Filmemacher Oliver Stone, der Schauspieler Vince Vaughn, der EU-Kritiker Nigel Farage und die Legende schlechthin – Chuck Norris – feuerten Paul auf seinem Weg ins Weiße Haus an. Am Ende hat es für Paul trotz prominenter Unterstützung und des deutlichen Sieges in einigen Staaten einfach nicht gereicht. Im Mai erklärte er den Stopp seiner aktiven Wahlkampfbemühungen. Pauls Team kämpfte aber weiterhin um die Stimmen der Delegierten in einigen Bundesstaaten. Seiner Kampagne kamen Spenden von knapp 41 Millionen Dollar zugute. Die vorhergehende Kampagne kam auf 28 Millionen.

Von der „Ron-Paul-Mania" und seinem letztendlichen Rückzug profitierte Gary Johnson. Der Kandidat der Libertarian Party war nun die einzig wählbare Alternative für die vielen Tausend Paul-Enthusiasten und Libertären im Land. Zwar konnte sich Johnson mit Paul weder hinsichtlich seiner libertären Überzeugung noch seiner Begeisterungsstärke messen, jedoch lieferten ihm sein charmantes Auftreten und seine ehemalige Gouverneurskarriere ein gewisses Standing bei den politikbegeisterten Libertären und den generell Unzufriedenen. Obwohl es Ron Paul geflissentlich vermied, seine Unterstützung für Johnson auszudrücken, ließ er in einem Fernsehinterview im Oktober seine Haltung durchblicken. Es gebe noch andere Kandidaten als die beiden der Demokraten und Republikaner. Diese stünden in vielen Bundesstaaten im November auf dem Wahlzettel. „So wie Gary Johnson zum Beispiel", merkte sein Gesprächspartner an, was Paul mit einem knappen „Yeah" bestätigte.

Wenige Wochen vor der Wahl fand eine von RT America ausgestrahlte Debatte der Vertreter der Kleinparteien statt. Die Veranstaltung wurde von der Talkshow-Legende Larry King moderiert. Von allen vier Debattanden wurde Gary Johnson bei der Begrüßung der kräftigste Applaus zuteil. Auf der Bühne stand er neben drei Sozialisten: Jill Stein von den Grünen, Rocky Anderson von der Justice Party und Virgil Goode als Vertreter der Verfassungspartei. Besonders Goode hat mit einer Aussage signalisiert, dass Gary Johnson für Libertäre die einzig wählbare Alternative war: „Im Gegensatz zu Gary, Rocky und Jill bin ich nicht für die Freigabe von Drogen. Wenn Sie das wollen, dann stimmen Sie nicht für mich“, so der ehemalige Kongressabgeordnete in aller Offenheit. RT America gönnte seinen Zuschauern eine weitere TV-Sensation mit der Ausstrahlung der letzten Präsidentschaftsdebatte des Jahres. Am 5. November, nur einen Tag vor der Wahl, lieferten sich Johnson und seine grüne Kontrahentin Jill Stein ein Fernsehduell. Eine landesweite CNN-Umfrage von Anfang November sah Johnson bei beachtlichen fünf Prozent. Am Wahltag stand Johnson in 48 Staaten auf dem Wahlzettel. In Michigan durften seine Unterstützer seinen Namen händisch in ihre Wahlzettel eintragen. Nur den Bürgern Oklahomas war es nicht vergönnt, libertär zu wählen – dort wurde Johnson gar nicht erst zur Wahl zugelassen.

Historisch war das Wahljahr 2012 aus zwei Gründen: Zum ersten Mal in der Geschichte hatte sich ein Republikaner aus dem innerparteilichen Wahlkampf ausgeklinkt, um für die Libertären anzutreten. Und historisch war auch das libertäre Wahlergebnis: Mit knapp 1,3 Millionen wurde zum ersten Mal die Millionen-Marke geknackt. Zwar kam das Clark-Koch-Ticket 1980 auf nur 920.000 Stimmen, jedoch entsprachen diese einem Anteil von 1,06 Prozent aller gemachten Kreuze. Johnson erreichte 32 Jahre später gerade einmal 0,99 Prozent. Ein Aufmerksamkeitserfolg kam Johnson aber dennoch zugute: Er erreichte den dritten Platz – mit deutlichem Abstand zur viertplazierten Jill Stein (0,36 Prozent). Der drittplazierte republikanische Renegat John Anderson verbuchte 1980 einen noch viel deutlicheren Vorsprung vor seinen libertären Herausforderern (6,61Prozent). Libertäre Parteifunktionäre waren bemüht, das Abschneiden ihres Kandidaten als historischen Triumph darzustellen. „Wenn er zu den Debatten zugelassen worden wäre", erklärte die Bundeschefin der Libertären, Carla Howell, „wäre er jetzt wahrscheinlich zum Präsidenten gewählt worden". Die Motivation der Wähler, bei den Libertären ihr Kreuz zu machen, war unterschiedlich. Ein 48-Jähriger aus South Dakota gab an, er hätte auch für „Micky Maus" gestimmt. Er habe einfach eine Alternative zu dem Zweiparteien-Fiasko gesucht und spontan beim Libertären sein Kreuz gemacht. Ob Johnsons Ähnlichkeit zu bekannten Disney-Figuren oder zur libertären Ikone Ron Paul letztendlich für seinen bescheidenen Wahlerfolg ausschlaggebend war, bleibt unklar. Fest steht jedoch, dass nationale Umfrageergebnisse keine verlässliche Prognose des tatsächlichen Abschneidens eines libertären Kandidaten liefern.

Ron Paul hat 2012 seine politische Karriere an den Nagel gehängt. „Ich glaube, die Leute haben genug von mir", gab sich Paul gegenüber einem neugierigen Reporter bescheiden. Er wolle nicht mehr für ein öffentliches Amt antreten. Paul hatte gehofft, die Republikanische Partei durch das Erstarken des Liberty Caucus zu einer freiheitlichen Reform zu bewegen. „Ich habe nicht viel Vertrauen in das politische System und hatte es auch nie. Mein Ziel war es stets, das Denken der Menschen zu verändern, denn solange die Leute nach mehr Staat rufen, werden sie ihn auch bekommen. Der Staat spiegelt die Leute wider." Paul hatte sich vorgenommen, künftig vor jüngerem Publikum, besonders vor Studenten zu sprechen. Aufklärung war immer der Hauptgrund für seine politische Tätigkeit.

Im Jahr 2016 versucht die Libertäre Partei abermals mit Gary Johnson einen Sturm auf das Weiße Haus. Noch nie war das Wahlkampfduo der Libertären so hochkarätig: Gleich zwei ehemalige Gouverneure – beide Republikaner – dürfen mit freiheitlichen Botschaften um die Gunst der Wähler buhlen. Zum Nominierungsparteitag der Libertären Ende Mai 2016 unter dem Motto „Legalize Freedom" („Legalisiert Freiheit") in Orlando, Florida, hatten sich rund 250 Journalisten angemeldet – fünfmal so viele wie noch vier Jahre zuvor. Neben Debatten um die Nominierung der libertären Kandidaten wurde den anwesenden Reportern eifrig Gesprächs- und Schreibstoff geliefert. Ein Delegierter aus Michigan nutzte seine Redezeit, um vor einem erstaunten Publikum und laufenden Fernsehkameras zu tanzen und sich mit mehr oder weniger rhythmischen Bewegungen all seiner Kleidungsstücke zu entledigen. Ein weiterer Zwischenfall sorgte bei den Beteiligten für weniger Gelächter. Der unterlegene Präsidentschaftskandidat Austin Petersen gratulierte seinem Rivalen Gary Johnson zum Wahlsieg. Petersen überreichte dem Ex-

Gouverneur als Zeichen seiner Anerkennung die Replika einer Pistole George Washingtons. Etwa vier Jahre zuvor hatte ein Fan Bob Barr ein ähnliches Geschenk gemacht. Dummerweise gab der damalige Präsidentschaftsanwärter einen Schuss ab und sorgte für Panik, als er die vermeintliche Atrappe ausprobierte. Ganz so sensationell ging es nach der Nominierung Johnsons nicht zu. Jedoch wollen Teilnehmer des Parteitages beobachtet haben, wie der frisch ernannte Präsidentschaftskandidat das großzügige Geschenk seines Rivalen achtlos im Müll entsorgt habe. Es wurde spekuliert, dass Johnson damit auf frühere Angriffe Petersens reagiert habe, besonders auf seine scharfe Kritik bezüglich der Nominierung seines Vizepräsidenten Weld. Ein Teil der Libertären hatte sich nach der Verkündung der Wahl seines Vizes von der Partei verabschiedet. Es boten sich ähnliche Szenen wie schon 2008, als mit der Nominierung Bob Barrs ein Aufschrei durch das prinzipientreue libertäre Lager ging. Bereits in den 1990ern kritisierte Murray Rothbard in einem Aufsatz unter anderem den damaligen Gouverneur von Massachusetts Bill Weld als „Big Government Libertarian". Rothbard schrieb über den möglichen libertären Präsidentschaftskandidaten für 1996, er sei ein „fanatischer Anhänger der Umweltbewegung". Weld habe als Gouverneur von Massachusetts einen grotesk verschuldeten Haushalt seines Vorgängers, des ehemaligen Präsidentschaftskandidaten Dukakis, geerbt. Die Neuverschuldung habe er im ersten Amtsjahr lediglich um 1,8 Prozent gesenkt. Dabei habe Weld die Verschuldungsmaschine in den nächsten beiden Amtsjahren wieder ordentlich aufgedreht. „Das soll ‚Haushaltskonservatismus‘ sein?“ fragte sich Rothbard, der durch sein Ableben nicht mehr erfahren konnte, dass auch Johnson die Verschuldungsrate bis zum Ende seiner Amtszeit um über sieben Prozent steigern sollte. Noch leidenschaftlicher in der Haushaltspolitik als Johnson zeigte sich der „libertäre“ Gouverneur Weld besonders in seiner „Hingabe für ‚Schwulenrechte‘“. Das Mantra vieler politisch aktiven Libertären, „haushaltskonservativ, aber gesellschaftlich tolerant“ sein zu wollen, war für den geistigen Paten des Libertarismus, Rothbard, nichts weiter als eine Chimäre. Der Haushaltskonservatismus der freiheitsliebenden Regenten habe sich in einer lediglich milderen Verschuldungspolitik ausgedrückt. Und „gesellschaftlich tolerant“ zu sein, bedeute nicht mehr, als für die Sonderrechte von Minderheiten und gegen „Hass“ einzutreten. Um sich von den „Linkslibertären“ abzugrenzen, prägte Rothbard den Begriff „paläolibertär“. „Ich kann Ihnen versichern, dass Linkslibertäre in Sachen Unausstehlichkeit jederzeit mit Neokonservativen mithalten können. Glauben Sie mir das.“

Dabei hat sich Weld sehr Mühe gegeben, viele seiner früheren Ansichten für seine neue Rolle als libertärer Vizepräsidentschaftskandidat abzulegen. Dazu gehört besonders sein Eintreten für die Beschneidung des Waffenrechts, für die er sich noch im August 2005 eingesetzt hatte. Der Ex-Gouverneur hat sich auch durch seine Mitgliedschaft in der Eliteorganisation Council on Foreign Relations das Misstrauen vieler libertärer Beobachter zugezogen. Johnson verteidigte die Wahl seines Vizekandidaten. Ohne Weld anzutreten, sei wie „ein Marathonlauf mit einem gebrochenen Bein". Weld, der abwechselnd Obama und Mitt Romney unterstützt hatte, wurde gefragt, wie eine libertäre Regierung die „geheimen CIA-Operationen im Nahen Osten" bekämpfen würde. Weld belehrte den libertären Fragesteller, dass es sein eigener Schwiegeronkel, Kermit Roosevelt, gewesen sei, der 1953 den Putsch gegen Mossadegh im Iran organisiert habe. „Ich bin also vielleicht nicht die beste Person, der man diese Frage stellen kann", so Weld ungeniert, der in die berüchtigte Roosevelt-Familie eingeheiratet hatte.

Die Nähe Welds zu den Eliten des Landes sollte der libertären Kampagne Geld bringen und für Einladungen ins Mainstream-Fernsehen sorgen. Und so kam es auch. Der Fernsehsender CNN, dem nachgesagt wird, auffällig clintonfreundlich zu berichten („Clinton News Network"), richtete die erste Sondersendung mit libertären Präsidentschaftskandidaten ein. Das historische Ereignis, die Libertarian Town Hall, fand nur zehn Tage nach dem Orlando-Massaker statt. Überschattet wurde die Politshow daher von demokratischen Initiativen im republikanisch dominierten Kongress, das Waffenrecht zu verschärfen. Einigermaßen selbstbewusst stellten sich die libertären Kandidaten den Fragen des Moderators und der Zuschauer. Nur kurz vor ihrem Auftritt hatte der ehemalige Frontrunner der Republikaner, Mitt Romney, der sich angeblich mit seinem alten Freund Trump zerstritten hatte, eine mögliche Wahlunterstützung für die Libertären angekündigt. Er könne sich durchaus vorstellen, für das Duo ein Kreuzchen zu machen, so der ehemalige Präsidentschaftskandidat. Nur Johnsons liberale Haltung zur Drogenpolitik bereite ihm ein wenig Unbehagen. Alles andere als schlechte Stimmung löste der Moderator bei den Ex-Gouverneuren mit folgender Frage aus: „Gouverneur Johnson, was verbinden Sie mit Barack Obama?“ – „Guter Typ“, so der Präsidentschaftsanwärter über seinen Vorgänger in spe. Weld führte ein wenig weiter aus: „Barack Obama? Ich denke, er war die letzten Jahre ziemlich staatsmännisch. Er hatte eine enttäuschende erste Amtszeit abgelegt, aber ich denke, er hat sich die letzten Jahre wieder gefangen. Es lief dann wieder besser für ihn.“ Ist so eine Antwort diplomatisch? Entspringt sie dem Wunsch, bei „liberalen“ Wählern zu punkten? Oder gab es sogar einen Deal zwischen CNN und den Libertären? Johnson wurde zu seiner Meinung zu Hillary Clinton befragt. Was würde er antworten? Seine Haltung gegenüber seiner schärfsten Konkurrentin fiel überraschend aus. Sie sei „eine wunderbare Staatsdienerin“. Die Reaktion Bill Welds sollte dem Fass jedoch noch den Boden ausschlagen. Clinton sei eine „alte Freundin. Ein nettes Mädchen (‚nice kid‘). Ich kannte sie bereits in ihren Zwanzigern. Wir hatten uns ein Büro im Amtsenthebungsverfahren gegen Nixon geteilt. Eine echte Verbindung, ein Leben lang. Ernsthaft. Kein Witz.“ Zu Donald Trump wollte der Moderator von Weld nur ein Wort hören. „Hausierer“ („huckster“) warf ihm der Möchtegernvize brav zu. Freundlicher Applaus aus dem Publikum.

Weld hat auch gute Beziehungen zu Bill Clinton. 1997 trat er von seinem Gouverneursposten zurück. Bill bot dem spanischaffinen Romanisten Weld an, US-Botschafter in Mexiko zu werden. Ausgerechnet der republikanische

Vorsitzende des Außenausschusses des Senats verweigerte es, Weld überhaupt vorsprechen zu lassen. Der republikanische Ex-Gouverneur war bei vielen Etablierten in der Partei wegen seiner liberalen Haltung zu Drogen und zur Abtreibung wenig beliebt. Mit ihren Standpunkten kommen sowohl Weld als auch Johnson bei Linken gut an.

Ironischerweise haben die libertären Präsidentschaftskandidaten besonders bei eingefleischten Libertären einen schweren Stand. Ron Paul etwa findet es schade, dass die beiden das Nichtaggressionsprinzip kaum verstünden und sich als „halb-liberal“ und „halb-konservativ“ bezeichnen würden. Das verwirre den Bürger nur und trage nicht wirklich zu einer effektiven Verbreitung der Idee der Freiheit bei. Viel prinzipientreuer gebärdete sich das libertäre Duo auch bei der zweiten CNN Town Hall nicht. Jedoch sah eine Fox-News-Umfrage es inzwischen bei beachtlichen zwölf Prozent. Der Moderator dämpfte die Erwartungen vieler libertärer Zuschauer allerdings, als er darauf aufmerksam machte, dass ein aktuelles CNN-Barometer die Kandidaten unverändert bei neun Prozent sehe. „Nun, dieses Interview hier wird uns auf über 17 Prozent befördern, da bin ich sicher. Danke, haben Sie vielmals Dank“, grinste Johnson in die Kamera. Ob siegessicher oder verlogen optimistisch, mindestens 15 Prozent in landesweiten Umfragen benötigt Johnson, um zu den Debatten neben Trump und Welds Freundin Hillary Clinton zugelassen zu werden. Einmal in der Regierung, wollen die „Haushaltskonservativen“ dann die besten Leute aus der Demokratischen und der Republikanischen Partei um sich scharen und vernünftige Politik machen. Der Vorschlag klingt hoffnungsvoll. Johnson verspricht sogar eine „Partnerschaft“ mit den etablierten Kräften beider Parteien. „Wie soll das funktionieren?“, hakt der Moderator nach. „Nun“, erklärt Johnson, „das funktioniert, indem wir keine getrennten Stäbe führen und nicht getrennt arbeiten, wirklich zwei Köpfe für den Preis von einem. Es wäre ein Plus für das Land, daran zu glauben.“ Hat der blau-rote Kongress nur auf die libertären Retter aus New Mexico und Massachusetts gewartet? Oder ist es so, wie die Stimme in der Ansage zur Sendung bereits rhetorisch fragte: „Werden sie nicht nur zu Spielverderbern von entweder Clinton oder Trump“, weil wohl einige Demokraten und Republikaner lieber libertär wählen, als sich von den Großparteien weiter an der Nase herumführen zu lassen?

Dass die zwei Ex-Gubernatoren auch Hillary gefährlich werden wollten, ließe sich aus spannenden Forderungen, besonders Bill Welds ablesen. Viele seiner Ideen scheinen direkt aus dem Baukasten der ehemaligen First Lady zu stammen. Mit Blick auf den Rest der Welt sagt er: „Die Leute beneiden uns für unseren Rechtsstaat und für unsere Wirtschaft und wie wir uns generell benehmen. Jedoch ist eine unangenehme Wahrheit die Lähmung Washingtons als Resultat eines wilden Hasses der beiden Parteien für einander. Und ich denke, das steht effektiver Politikgestaltung im Wege.“ Die etablierten Parteien müssen also wieder freundlicher zu einander sein! Klingt nach einem libertären Ansatz. Danke, Bill! Wäre eine freiheitlichere Version der beiden womöglich niemals von CNN zur Primetime ins Fernsehstudio eingeladen worden? Das Bild zahnloser Tiger drängt sich dem libertären Zuschauer auf. Keine Sorge, Hillary, die beißen nicht! Aber wer weiß, vielleicht googeln gerade abertausende Nichtlibertäre das Wort „libertarian". Auf die Frage des Moderators, ob Trumps Wahlslogan „Make America Great Again" – „Mach(t) Amerika wieder groß(artig)" – Sinn ergebe, sagt Johnson: „Amerika ist bereits großartig. Es war noch nie besser." Somit war also die Notwendigkeit nie geringer, die Libertarian Party zu wählen? Johnson kann die horrenden Militärausgaben, die Steuer- und Bürokratielast sowie die enorme Staatsverschuldung und den Verlust von Bürgerrechten nicht im Sinn gehabt haben. Denkt er vielleicht an Gleichheit? Für einen Sozialisten wäre der Siegeszug des Mindestlohns, des Kündigungsschutzes und der Ausbau des Sozialstaats natürlich als Erfolg zu werten. Doch worin sieht ein Libertärer den Glanz Amerikas? Ist es 2016 so viel besser als noch 30 Jahre zuvor, 1986, als Reagan Präsident war? Sind die Antidiskriminierungsgesetze und Zwangsintegrationsparagraphen wirklich das, woran sich Libertäre ergötzen könnten? Ist das Wachstum des Bruttoprodukts des Landes die Messlatte? Die Gewinne an der Wall Street? Die gedruckten Dollar-Inflationsscheine? Woran bemisst Johnson den Erfolg seines Landes? An der Kindersterblichkeit? Ist es im Jahr 2016 leichter, einen Betrieb zu eröffnen, als noch 1956? Setzen die Libertären jeden Morgen von neuem einen Fuß aus dem Bett und freuen sich, dass es heute wieder ein Stückchen besser ist als noch gestern? Mit welchem Fuß steigt Johnson morgens aus dem Bett? Oder schläft er nachts gar nicht vor Aufregung ob der rasanten Entwicklung der Wirtschaft und den immer neuen Freiheiten?

Nach der komischen Einlage Johnsons war sein Kollege wieder an der Reihe. Weld gab seine überraschende Meinung über Trump bekannt: „Ich glaube, er hat eine Schraube locker." – „Vielleicht sollte er sich einen anderen Beruf überlegen, auf jeden Fall irgendetwas anderes als Präsident der Vereinigten Staaten." Gelächter und Applaus im Publikum. Doch Weld ist nicht nur gegen Trump und gegen den abscheulichen Parteienzwist in Washington. Er wirbt auch kräftig für etwas. Zum Beispiel für eine stärkere Finanzierung der Bundespolizei, des FBI, ohne das die Vereinigten Staaten komischerweise über 100 Jahre ganz gut zurechtkamen. Dass sogar die „niedrigsteuerliberale" Präsidentschaftskampagne von 1980 mit der Abschaffung der Agenteninstitution warb, muss um die Uhrzeit ja niemanden kümmern. Libertär? „Wir sind ein Mix vieler Ansichten", erklärt Weld dem neugierigen Publikum. Zu den Ansichten gehört auch die Haltung zur Antidiskriminierung, also der Missachtung der Vertragsfreiheit. Ein Kuchenbäcker habe ohne Widerrede jedem seine Ware zu verkaufen. Es wäre ja noch schöner, wenn sich ein Dienstleister seine Kunden aussuchen dürfte. Die libertäre Zuschauerschaft wird von Johnson letztlich aber besänftigt: Der Kuchenbäcker müsse die Torte ja nicht dekorieren, sondern nur verkaufen. Diskriminierung sei nicht erlaubt. Und das sei auch gut so. Der Ex-Gouverneur verweist dabei auf seinen Kollegen Weld. Wie bei seiner vorgeschlagenen FBI-Sonderbehörde für Antiterrorabwehr, müsse man „den Staat dort ausweiten, wo es wirklich nötig ist". Und in der Terrorismusbekämpfung sehen die libertären Kandidaten anscheinend noch Nachholbedarf.

Weld verteidigte die Bundesbehörde auch in seiner Einschätzung, dass Hillary Clintons Email-Affäre für die Strafverfolgung uninteressant sei. Das behaupte der gelernte Jurist als Fachmann. Für einwandfrei befand der designierte Vize auch die Arbeit des früheren CIA-Chefs Bill Casey, der ein „Champion der Human Intelligence" gewesen sei. Man müsse verdächtige Gruppen wieder stärker infiltrieren, um sie leichter auszuschalten. Vielleicht hätte sich Weld lieber als Geheimdienstchef beworben. Allerdings darf man nicht jedes Wort der beiden Kandidaten auf die Goldwaage legen. Mit seiner Formulierung „Maybe I'm wrong" – „Vielleicht liege ich da falsch", löste Johnson Verwunderung beim Moderator aus. Förmlich stotternd fragte dieser nach, wie der libertäre Präsidentschaftsanwärter das meine. So etwas habe er ja von einem Politiker noch nie gehört. „Er ist einfach ein eleganter Kerl", warf Weld ein. Man weiß nicht, ob sich Weld einfach nur geirrt hat oder sich nicht ganz sicher war. Aber bezüglich der Lage der Schwarzen herrsche seiner Ansicht nach „nationaler Notstand". Schwarze würden häufiger ins Gefängnis gesteckt als Weiße, und überhaupt sei ihre Lage bezüglich Bildungs- und Arbeitsmarktchancen so verheerend, dass der Staat einfach zur Intervention schreiten müsse. „Ob libertär oder nicht-libertär", so Weld, hier müsse gehandelt werden. Ob es für durchgreifende libertäre Politik im Jahr 2016 schon reicht, darf offensiv bezweifelt werden. Doch spätestens 2020 müsste die Zeit endgültig reif sein für die große libertäre Revolution. In Washington wird dann endlich wieder „effektive Politik" gemacht.

Libertäre treiben Libertäre in Donalds Arme

Viele Freiheitsfreunde, diesseits und jenseits des Atlantiks, hegen aufrichtige Sympathien für den „Hausierer“ Donald Trump, auch wenn er eine „Schraube locker“ hat. Ihm werden größere Chancen ausgerechnet, Präsident zu werden, als einem Libertären im Jahr 2016 oder noch später. Die Anti-Establishment-Rhetorik des New Yorkers hat viele Libertäre dazu bewogen, Trump offen zu unterstützen. „Wieso ich relativ kritischer mit Gary als mit Donald bin?“, fragt der Rothbard-Schüler und libertäre Ökonom Walter Block. „Weil ersterer für die Libertären in den Ring steigt und der Hauptgrund dieser Organisation, da ihr Fahnenträger nicht der nächste Präsident der USA sein wird (ich lehne mich hier aus dem Fenster), darin liegt, Freiheit zu bewerben und nicht die Wahl zu gewinnen.“ Jedoch sei diese Aufgabe von prinzipienuntreuen Libertären schwerlich zu bewerkstelligen. Bob Barr habe sich als „vollkommenes Desaster“ erwiesen. Noch schlimmer sei sogar Gary Johnson gewesen. Viele führende libertäre Kandidaten hätten gestanden, niemals Rothbard gelesen, geschweige denn von ihm gehört zu haben. Zu Bill Weld möchte Block gar keine Worte verschwenden. „Je weniger über ihn von einem libertären Standpunkt aus gesagt wird, desto besser.“

Als libertäres Urgestein und Aktivist der Libertären Partei hat Block die „Libertären für Trump" gegründet. Seine Online-Initiative, der sich Größen wie Ralph Raico angeschlossen haben, will unter den Libertären Stimmung für den Republikaner machen. Mit Trump sieht Block die Gefahr eines Dritten Weltkriegs im Vergleich zu einer Hillary-Präsidentschaft deutlich gebannt. „Donald ist unsere letzte Chance, einen Nuklearkrieg zu vermeiden", beteuert der Ökonom aus New Orleans. Zwar werde auch Johnson mit seinem Wahlkampf „irgendwie" etwas Gutes bewirken, indem er die Freiheitsbotschaft in welcher Form auch immer verbreite, jedoch sei die Präsidentschaft Trumps wahrscheinlicher und dadurch wichtiger als Johnsons Wahlkampf. Für den Fall, dass der libertäre Kandidat auf über fünf Prozent kommen sollte, wäre der Begriff „libertär" wohl in aller Munde. Mehr Menschen würden sich dann hoffentlich auch mit einer radikaleren Variante des Libertarismus befassen – einer, die von Murray Rothbard geprägt wurde, von „Mr. Libertarian". Als Libertärer, meint Block, müsse man im kommenden Wahlkampf taktisch vorgehen. In Bundesstaaten, in denen die Umfragen siegreiche Werte für Trump aufzeigten, solle man libertär wählen. In Staaten, in denen Hillary führe, müsse man Trump wählen. Auf diese Weise könne man einer Präsidentschaft Trumps nachhelfen und gleichzeitig für bessere libertäre Ergebnisse sorgen. Block gibt zu, dass sein Rat ein wenig „machiavellistisch" erscheinen mag. Allerdings sieht er in seinem Vorschlag einen „vernünftigen Kompromiss": „die Chancen, die Gefahr eines Krieges zu reduzieren, der die gesamte menschliche Rasse gefährden kann, und die libertäre Botschaft zu verbreiten, so verstümmelt und nebulös sie auch sein mag.“ Für den Fall, dass Trump als Retter der Menschheit tatsächlich gewinnen sollte, sieht Block Vorsicht geboten: „Ich fürchte, Sie würden ermordet“, wendet sich der Professor direkt an den blonden Präsidentschaftskandidaten. „Ich mache da gar keine Umschweife. Leider hat unser Land eine Vergangenheit mit solchen Dingen. Jedoch wurden niemals ein Präsident und ein Vizepräsident gleichzeitig ermordet. Es gibt hoffentlich Grenzen dafür, wie weit der Tiefe Staat gehen wird. Deshalb frage ich Sie, quasi als eine Art Lebensversicherung, nein, ich flehe Sie an, dass Sie jemanden wählen, der vom Establishment ebenso gehasst wird.“ Leider hat sich Trump auf den Vorschlag, nein, auf das Flehen des libertären Professors nicht eingelassen. Block hatte den Senator Rand Paul vorgeschlagen, den Sohn des Präsidentschaftskandidaten aus den beiden Wahlen zuvor. Trump scheint sich von Libertären nur ungern beraten zu lassen.

Duell der Demagogen

1954 schrieb der junge Doktorand Murray Rothbard einen Aufsatz, der erst rund ein halbes Jahrhundert später veröffentlicht werden sollte. Das Manuskript trägt den Titel „In Defense of Demagogues“ – „Zur Verteidigung der Demagogen“. Demagogen, so Rothbard, seien in den Augen vieler Betrachter keine nüchternen Gestalten. Sie seien nicht respektabel und benähmen sich schlicht nicht wie „Gentlemen“. Obwohl ein wachsender Bedarf an Demagogen bestehe, stünden diese im Ruf, das politische System durcheinanderzubringen. Anstatt sich an die Spielregeln zu halten, so der vielzitierte Vorwurf, appellierten Demagogen statt an die Vernunft an die Gefühle ihrer Wähler. Dabei bedienten sie sich „emotionaler, extremer und deshalb unlauterer Ansichten“. „Man füge dem noch das Laster des ungentlemenhaften Enthusiasmus hinzu, und schon haben wir alle gängigen Sünden der Spezies Demagoge aufgelistet“, so der Volkswirt.

Rothbard stellt in seinem Aufsatz klar: Das Problem bestehe nicht darin, ob eine Ideologie in emotionalem Ton vorgetragen werde, sondern ob sie korrekt sei. „Fast immer“ sei der Demagoge jemand, der Ideen vertrete, die nur von einer kleinen Zahl geteilt würden. Von der Wahrheit seiner Botschaft und der Wichtigkeit seiner Gedanken überzeugt, stehe der Demagoge einer schier übermächtigen öffentlichen Meinung gegenüber. Jene Öffentlichkeit zusammen mit ihren einflussreichen Führern begegneten den Überzeugungen des Demagogen entweder feindlich oder zumindest mit Gleichgültigkeit. Rothbard fragt: „Ist es ein Wunder, dass man in einer solchen Situation emotional wird?“ Ein Demagoge sei nichts anderes als ein in der Öffentlichkeit auftretender ideologischer Nonkonformist. Im Gegensatz zu anderen Abweichlern besäßen Demagogen aber die Macht, eine Massenanziehungskraft auszuüben, die es ihnen erlaube, Emotionen der Massen zu nutzen und sie so aufzustacheln. Dabei setze sich der Demagoge über die Meinung respektabler Intellektueller hinweg, die ihn um seinen Einfluss auf die Massen beneideten. Genau das mache den Demagogen für die etablierten Kräfte so gefährlich. Seine unorthodoxe und elektrifizierende Wirkung auf die Massen wirke geradezu gespenstisch auf die üblichen Schreibtischtäter, die mit Begeisterungsfähigkeit so viel zu tun haben wie Winterjacken mit einem Strandurlaub.

Rothbard hatte 1954 genauso recht wie heute: Demagogen wird häufig vorgeworfen, unehrliche Opportunisten zu sein. Dabei zeigt er einen klaren Widerspruch auf. Wenn der Demagoge nur ein Opportunist ist, wieso klammert er sich dann nicht einfach an den Mainstream und schwimmt kerzengerade mit dem Strom? Wäre das denn nicht der einfachere Weg? In Wirklichkeit ist doch der Weg des Demagogen der riskanteste, mit den geringsten Aussichten auf Erfolg. Schließlich wird gemeinhin jede Ansicht als umso unkorrekter wahrgenommen, je extremer sie ist. Als richtig erachte man daher komplexe Gemische widersprüchlicher Glaubenssätze. Für den „Mainstreamer“, so Rothbard, löse das Demagogentum immer wieder Schockzustände aus. Dabei sei doch die beste Eigenschaft des Demagogen, dass er Menschen dazu zwinge, über Grundlegendes nachzudenken, manche sogar zum ersten Mal in ihrem Leben. Aus dem Gemisch zeitgenössischer Vorstellungen, manche populär, manche weniger, picke sich der Demagoge etwas heraus und ziehe daraus logische Schlussfolgerungen, die als „extrem" wahrgenommen würden. Dabei zwinge er die Menschen, seine Vorstellungen entweder als unsolide abzulehnen oder als logisch aufzugreifen. Damit erweise „selbst der dämlichste Demagoge der Vernunft einen großen Dienst, sogar wenn er meist falsch liegt". Ein typisches Beispiel liefere der Inflationsdemagoge, den Rothbard als „Geld-Spinner" aufgreift. Einen Ron Paul würde man heute zu dieser Kategorie zählen, ebenso wie einen Frank Schäffler.

Die Geschichte der Demagogen reiche bis tief ins 19. Jahrhundert zurück. Damals seien die meisten Vertreter dieses Typs Sozialisten gewesen. Wohl im Gegensatz zu heute jedoch seien die Widersacher der Demagogen Konservative gewesen. Deren Kritik beschränkte sich – genauso wie heute – auf den Emotionalismus und Extremismus. Der Demagogie hätten die Sozialisten ihren Erfolg zu verdanken: „Die sozialistischen Demagogen triumphierten, da auf Dauer Argumente bloße Vorurteile stets schlagen. Es sah nämlich so aus, als ob die Sozialisten die Vernunft auf ihrer Seite hätten." – „Daher fürchtet und hasst die respektierte etatistische Linke den Demagogen, und mehr als jemals zuvor ist er das Ziel ihrer Angriffe."

Rothbards Hoffnung, zu einer freien Gesellschaft zu gelangen, lag im Wirken der Demagogen. Solange sich die Intellektuellen als die natürlichen Gestalter der öffentlichen Meinung nicht für die Freiheit begeistern könnten, müsse man dem Demagogen das Feld überlassen. „Kurzfristig liegt der einzige Weg zur Freiheit darin, an die Massen zu appellieren – über die Köpfe des Staates und seiner intellektuellen Leibwächter hinweg.“ Nur der „rohe, ungehobelte Mann des Volkes, der die Wahrheit in einfacher, wirksamer und ja, emotionaler Sprache ausspricht“, habe Aussicht, positiv auf die Massen einzuwirken. Die Intellektuellen sähen diesen Trend ganz klar und attackierten deshalb ständig jeden Anflug libertärer Demagogik als Teil einer „steigenden Welle von Anti-Intellektualismus“. „Natürlich handelt es sich hierbei nicht um ‚Anti-Intellektualismus‘, sonderm um die Rettung der Menschheit vor jenen Intellektuellen, die den Intellekt selbst verraten haben.“ „Individualistische Demagogen“ seien „gefährlicher denn je, da sie sich nun mit rationalen Argumenten bewaffnen könnten, um sozialistische Klischees in Frage zu stellen“. Da der Sozialismus überhandgenommen habe, müsse jede Demagogie nun als individualistische Opposition in Erscheinung treten.

Der sozialistische Demagoge Bernie Sanders bezeichnete seinen Rivalen Donald Trump als Demagogen und hielt dies ironischerweise für eine kritische, wenn nicht gar abwertende Bezeichnung. Da Sanders als sozialistischem Überzeugungstäter jede Form von Objektivismus fehlt, kommt er gar nicht drumherum, seinen Widersacher als „pathologischen Lügner“ zu diffamieren. Es kann nur einen Demagogen geben!

Das Erfolgsrezept der Demagogen

Gustave Le Bon fand in seinem Werk „Die Psychologie der Massen“ eine treffende Beschreibung derjenigen, die vorhaben, die Massen zu lenken. Jene Führer seien

„keine Denker, sondern Männer der Tat. Sie haben wenig Scharfblick und könnten auch nicht anders sein, da der Scharfblick im allgemeinen zu Zweifel und Untätigkeit führt. Man findet sie namentlich unter den Nervösen, Reizbaren, Halbverrückten, die sich an der Grenze des Irrsinns befinden. So abgeschmackt auch die verfochtene Idee oder das verfolgte Ziel sein mag, gegen ihre Überzeugung wird alle Logik zunichte. Verachtung und Verfolgung stört sie nicht oder erregt sie nur noch mehr. Persönliches Interesse, Familie, alles wird geopfert. Sogar der Selbsterhaltungstrieb ist bei ihnen ausgeschaltet, und zwar in solchem Maße, dass die einzige Belohnung, die sie oft anstreben, das Martyrium ist. Die Stärke ihres Glaubens verleiht ihren Worten eine große suggestive Macht. Die Menge hört immer auf den Menschen, der über einen starken Willen verfügt. Die in der Masse vereinigten Einzelnen verlieren allen Willen und wenden sich instinktiv dem zu, der ihn besitzt.“

José Ortega y Gasset war sich mit Le Bon einig, dass die Massen keine eigene Meinung besäßen, sondern auf Experten angewiesen seien, die diese mit Meinungen versorgten. In seinem Buch „Der Aufstand der Massen“ schreibt er: „Die meisten Menschen haben keine Meinung; sie muss durch Druck von außen in sie hineingepresst werden wie das Schmieröl in die Maschine.“ Allerdings stützt sich die Herrschaft auf eben das: die Meinung der

Masse. Ihre Zustimmung ist notwendig, um reibungsfrei regieren zu können. Ohne sie kann es höchstens so etwas wie Besetzung geben. „Noch kein Herrscher in der Welt hat seine Herrschaft im wesentlichen auf etwas anderes als die öffentliche Meinung gestützt." Noch deutlicher wurde Edward Bernays. Der Neffe Sigmund Freuds gilt als der Urvater der „Public Relations". In der Einleitung seines Standardwerks „Propaganda" beschreibt er ganz offen, wie und warum die Massen manipuliert werden: „Die bewusste und intelligente Manipulation der organisierten Gewohnheiten und Meinungen der Massen ist ein wichtiges Element in der demokratischen Gesellschaft. Diejenigen, die diesen unbemerkten Mechanismus der Gesellschaft manipulieren, bilden eine unsichtbare Regierung, die die wahre Herrschermacht unseres Landes darstellt. Wir werden regiert, unser Verstand und unsere Geschmäcker geformt, unsere Ideen werden uns größtenteils von Männern vorgegeben, von denen wir nie gehört haben. Dies ist eine logische Konsequenz aus der Art, wie unsere demokratische Gesellschaft organisiert ist. Große Menschenmassen müssen auf diese Weise kooperieren, wenn sie als funktionierende Gesellschaft zusammenleben sollen. Unsere unsichtbaren Herrscher kennen oft ihre eigenen Kollegen jenes Schattenkabinetts nicht. Sie regieren uns durch ihre natürlichen Führungsqualitäten, durch ihre Fähigkeit, notwendige Ideen zu liefern, und durch ihre Schlüsselposition in den Gesellschaftsstrukturen. Was auch immer man von diesem Zustand halten mag, es bleibt eine Tatsache, dass wir in fast jedem Akt des Alltags, ob in der Politik oder in der Wirtschaft, in unserem gesellschaftlichen Umgang oder unserem ethischen Empfinden, von einer relativ kleinen Zahl von Personen beherrscht werden – einer verschwindend kleinen –, die die mentalen Prozesse und sozialen Muster der Massen verstanden hat. Sie sind es, die die Fäden ziehen und den Geist der Masse kontrollieren, die alte soziale Kräfte nutzbar machen und sich neue Wege einfallen lassen, die Welt zu verflechten und zu lenken."

Donald Trump: Hillary Clintons Wahlhelfer

Ein Mann in weißem Hemd und dunkelblauem Sakko steht auf der Bühne. Seine Mähne aus feinem, strohgrauem Haar wird von einer roten Baseball-Mütze verdeckt. Der Mützenschirm wirft einen Schatten über seine blauen Augen, der sie fast verschwinden lässt. Seine Hände sind auf ein Podest gestützt, dessen Schriftzug sich in das Meer von Plakaten einreiht, die von einer begeisterten Menge hochgehalten werden. Immer wieder rufen sie seinen Namen: „Trump". „Unglaublich, das ist unglaublich!", ruft der New Yorker Geschäftsmann seinen Anhängern in Oklahoma zu. „Wir werden Amerika wieder groß machen – wir werden es tun!" Nachdem er sich bei seinen begeisterten Zuschauern kurz bedankt, erklärt er: „Unser Land erlebt keine Siege mehr. Wir gewinnen nicht mehr." Er verspricht: „Wir werden so viel siegen, dass ihr vom ständigen Siegen die Schnauze voll haben werdet!" Wieder werden Plakate in die Luft gestreckt. Jubel. „Wir haben viele Probleme. Unser größtes Problem sind unsere Politiker: nur Gerede – keine Maßnahmen." Trump wiederholt sich immer wieder. Seine Sätze sind kurz und verständlich. Sie bestehen aus nur wenigen Worten. Wenige Worte, die begeistern. „Ich liebe Mexiko", erklärt der Präsidentschaftskandidat, „aber wir werden eine Mauer an der Grenze errichten". Er spricht mehr als deutlich. Hinter jede Aussage setzt er ein Ausrufezeichen. Die Leute lieben es. Der 69-Jährige weiß, was die Menge hören will. Er genießt die Resonanz. Man kann sich nicht sicher sein, ob er einfach nur laut redet oder schon brüllt. Doch man hört ihm gerne zu. „Falls ich gewinne, sage ich euch…“ Die jubelnde Menge unterbricht ihn. „Wenn!“ ruft sie im Chor ihrem Kandidaten zu, weil sie ein ungewisses „falls“ nicht gelten lassen will. Trumps Stimme verstockt. Seine Miene erstarrt für einen Augenblick. Jetzt wiederholt er die Parole des Publikums und wirkt dabei aggressiv: „Also gut: Wenn! Wenn!“ Sein perlweißes Gebiss tritt besonders jetzt wieder zum Vorschein. Trump scheint stets seinen Gegner vor dem geistigen Auge zu haben, dem er ständig die Zähne zeigen muss. Er weiß sich zu behaupten. Doch der dominante Milliardär hat zum ersten Mal die Kontrolle über sein Publikum verloren. Sich ihm zu fügen bereitet ihm sichtlich Unbehagen. Er hält kurz inne und rudert plötzlich zurück: „Wie wäre es damit: ‚Falls ich gewinne‘? Wir brauchen ein klein wenig… ihr wisst schon… wer weiß?“ Seine Arme schwenkt er dabei abwägend und richtet dann seinen Zeigefinger auf: „Hört mal zu…“ Es folgen Witze über den zuvor gescheiterten Präsidentschaftskandidaten Mitt Romney. Beide vorhergehenden Versuche der Republikaner, das weiße Haus zu erobern, seien grandiose Reinfälle gewesen. Diesmal habe er sich dazu entschlossen, die Dinge höchstselbst in die Hand zu nehmen. Die Menge jubelt. Jetzt hat er sie wieder.

1988 fragte Oprah Winfrey ihren berühmten Talkshowgast, ob er sich vorstellen könne, Präsident zu werden. „Wahrscheinlich nicht“, antwortete Trump. „Aber ich werde müde, dabei zuzusehen, wie dieses Land abgezockt wird.“ Er bezog sich damals auf Japan und Kuwait. Besonders die Japaner hätten es verstanden, ihre Waren in die USA einzuschleusen und gleichzeitig den amerikanischen Export nach Nippon zu verunmöglichen. Dabei manipulierten sie ihre Währung. Früher Japan, heute China. Für Trump steht seit rund drei Jahrzehnten fest: „Dieses Land befindet sich in großen Schwierigkeiten. Wir gewinnen nicht mehr.“ Heute sei es besonders der „Feind“ China, der die größten Probleme verursache. Die USA verlören aber ebenso „gegen Mexiko, sowohl im Handel als auch an der Grenze. Wir verlieren gegen Russland, den Iran und Saudi-Arabien“, schreibt er in seinem neuesten Werk „Crippled America. How to make America great again“ (Verkrüppeltes Amerika. Wie man Amerika wieder zu Größe verhilft). Der Baulöwe hat sich für das Buchcover leicht nach vorne geneigt und mit grimmiger Miene ablichten lassen. Mit der Wahl des Titelfotos wolle er seinem Unmut über die Lage seines Landes Ausdruck verleihen.

Donald John Trump ist ein Mann der Superlative. Er umgibt sich gerne mit den schönsten Frauen und hat eine von ihnen geheiratet. Ihm gehört der Miss America Contest und der Miss Universe Contest. Seine Leidenschaft gehört auch schönen Gebäuden. Das höchste Betongebäude New Yorks ist der Trump-Tower. Weltbekannt wurde Trump neben dem Bau von Hochhäusern auch durch Casinos, Golfplätze und Hotels, die seinen Namen tragen. Er ist (Ko-) Autor von 18 Büchern und einer der erfolgreichsten Fernsehstars der USA, besonders dank seiner Rolle in der NBC-Serie „The Apprentice“ („Der

Lehrling“), die zwischen 2004 und 2015 ausgestrahlt wurde. Seine Entscheidung, als Kandidat der Republikanischen Partei ins Rennen um das Präsidentenamt zu gehen, setzte seiner TV-Karriere ein jähes Ende. Zumindest hat er nun keine eigene Show mehr, auch wenn er seit der Ankündigung seiner Kandidatur im Juni letzten Jahres die Berichterstattung dominiert. Für seine Nachfolge in der Serie, mit der Trump einen dreistelligen Millionenbetrag eingefahren hat, konnte er einen anderen geübten Schauspieler gewinnen: Arnold Schwarzenegger. Von der Schauspielerei in die Politik. Arnie hat es erfolgreich vorgemacht.

Ein Multimilliardär, der sich aufmacht, Amerika zu retten. Dieses Bild gefällt vielen Menschen. Nicht nur in den USA. Auch hierzulande kommt Trump mit seinen teils flapsigen, rabiaten und nicht selten politisch unkorrekten Aussagen gut an. Trump ist Geschäftsmann. Darauf ist er stolz. Er hat es verstanden, sich als „Deal-maker“ zu vermarkten. Nach über 40 Jahren in der Welt des Big Business habe er aber nun genug. Er fühle sich von Washington verraten. Inkompetenz sei schuld am politischen und wirtschaftlichen Niedergang. „Es ist ein Desaster“, sagt Trump immer wieder mit Blick auf den Zustand seines Landes. Nun könne es nur noch eine Hoffnung für die Zukunft der USA geben: Trump. Er sei reich genug, um von keinen finanziellen Zuwendungen abzuhängen. Nur ein gerissener „Businessman“ könne das Ruder jetzt noch herumreißen: „Niemand tätigt so gerne Geschäfte wie ich, doch jeder Deal, den ich aushandeln werde, wird ein Ziel haben – dass Amerika gewinnt.“ Für seine Präsidentschaftskampagne habe Trump seine Geschäftstätigkeiten hintangestellt. Wahlkampf ist angesagt.

Ende Mai 2015: Ein Telefon im 25. Stock des Trump-Towers klingelt. Es ist ein wichtiger Anruf. Wahrscheinlich wollte er besonders jetzt nicht gestört werden. Wirkte er heiter? War es ein sehr ernstes Gespräch? Machte Trump Witze, als er den Hörer in der Hand hielt? Wir wissen es nicht. Jedoch wissen wir, mit wem er telefoniert hat. Es war ein Freund aus New York. Ein Anruf aus der Nachbarschaft. Es war derselbe Freund, der vor ein paar Jahren im Fernsehen erklärt hatte, dass er Donald sehr schätze und dass dieser immer „außergewöhnlich freundlich" gewesen sei – auch gegenüber seiner Frau. „Ich liebe es, Golf mit ihm zu spielen", so der Freund damals. Oft hat ihn „The Donald" auf seinen Golfplatz in der Bronx eingeladen. Schließlich ist es Trump immer wichtig gewesen, mit wem er auf dem Platz steht. Nicht wie Obama. Dieser spiele „nicht mit den richtigen Leuten". „Er sollte lieber mit schlauen Leuten spielen, die unserem Land helfen können", so Trump in seinem jüngsten Buch. Deshalb hat ihn sein Freund wohl auch angerufen. Er wolle ihm helfen. Es ging wahrscheinlich auch um die kommende Präsidentschaftswahl. „Du musst für die Republikaner ins Rennen", könnte der Freund ihm geraten haben. Donalds Gesprächspartner hatte nur drei Jahre zuvor dem Republikaner Mitt Romney Tipps gegeben, die ihm in der Debatte gegen Obama helfen sollten, schrieb die „New York Times". Damals habe der Trump-Freund bereits Spekulationen über einen Ausgang der Präsidentschaftswahlen in Florida abgeliefert. Besonders der frühere Gouverneuer des Sonnenstaates, Jeb Bush, wie auch der heimische Senator Marco Rubio hätten einen besonderen Vorteil, dort gewählt zu werden. Beide stünden der Latino-Community sehr nahe und könnten sich auf Spanisch an einen großen Teil der Wählerschaft richten. Das mache ihnen so schnell keiner vor und sei im Wahlkampf ein enormer Vorteil. Auch Ted Cruz hat diesen Vorteil. Der Wahlausgang der republikanischen Vorwahlen in Florida im März zeigte jedoch ein völlig anderes Bild: Jeb Bush war längst aus dem Rennen ausgeschieden. Das dortige Wahlprinzip „The winner takes it all“ ließ nur einen Sieger zu: Donald Trump.

Für das Telefonat musste sich der Milliardär Kritik gefallen lassen. Diese kam prompt nach Bekanntwerden aus der eigenen Partei. „Hat irgendjemand von Ihnen einen Anruf von Bill Clinton erhalten? Ich nicht”, erklärte die frühere Chefin von Hewlett-Packard, Carly Fiorina, während einer Debatte der letztplazierten Republikaner. Trump hatte als „Frontrunner“ an dieser nicht teilgenommen. „Wahrscheinlich“, beantwortete die Multimillionärin ihre eigene Frage, „weil ich kein Geld an die (Clinton-) Stiftung oder für die Senatskampagne seiner Frau gespendet habe”.

Trotz aller Angriffe und Kritik ist Trump gefragt wie nie. „Danke für Ihren Besuch – Wir erleben gerade einen hohen Datenverkehr. Bitte versuchen Sie es später erneut”, begrüßt einen dieser Tage die Seite trump.com. Doch seine Entscheidung, einen schrillen Wahlkampf zu führen, hat ihm nicht nur erhöhte Seitenaufrufe beschert, sondern sie hat ihn auch etwas gekostet. Die Kaufhauskette Macy’s hatte die Marke „Trump“ – Artikel wie Krawatten, Hemden und Parfum – aus ihrem Sortiment genommen. Sie reagierte dabei vor allem auf mexikanische Geschäftspartner, die sich über Trumps undiplomatische Aussagen zur Einwanderung brüskiert zeigten und gedroht hatten, das Kaufhaus zu boykottieren. Konzernchef und Trump-Freund Terry Lundgren rechtfertigte sich im Fernsehen. Er werde keine Artikel mehr von Präsidentschaftskandidaten zulassen. „Wenn Hillary Clinton eine Handtaschenkollektion hätte, würden wir diese auch nicht führen“, so der Manager. Das Wirtschaftliche scheint längst politisch geworden zu sein. Trump reagierte harsch auf die Abfuhr und feuerte prompt zurück: „Diejenigen, die an Grenzschutz, den Stopp illegaler Einwanderung und an Smarte Handelsabkommen mit anderen Ländern glauben, sollten Macy's boykottieren“, ließ er über sein offizielles Profil TheRealDonaldTrump twittern. Er nutzt den Nachrichtenservice intensiv. Mit über sieben Millionen Followern erreicht er mehr Leute als seine Gegenspielerin Hillary Clinton. Als sich Apple gegen die Forderung des FBI wehrte, das Mobiltelefon eines Terrorverdächtigen zu entsperren, forderte Trump seine Fans per Twitter auf, den Elektronikkonzern zu boykottieren, bis die Firma ihre Haltung überdacht haben sollte. Die ausgerufene Wirtschafts-Fatwa scheint Trump aber selber nicht ganz ernst genommen zu haben. Nur wenig später twitterte er wieder mit seinem iphone.

Trump ist stolz auf das, was er erreicht hat. Trotz oder vielleicht dank seines kompromisslosen Auftretens, hat er es geschafft, die Millionengrenze zu überspringen. Nach eigenen Angaben ist er zehn Milliarden Dollar schwer.

Dass ihn „Forbes“ mit „nur“ knapp der Hälfte bewertet, stört ihn. Dabei scheint er sich selbst nicht so sicher zu sein, wie reich er wirklich ist: „Es ist eigentlich fast unmöglich, eine genaue Ziffer anzugeben, weil großes Kapital ständig im Wert schwankt. Der genaue Wert ändert sich nicht nur täglich – er ändert sich stündlich.“ Trump genießt es, seine Zuschauer im Unklaren zu lassen: „Ich will nicht, dass die Leute genau wissen, was ich tue oder denke. Ich mag es, unvorhersagbar zu sein.” So ganz unvorhersagbar war es aber nicht, dass der Bau- und Unterhaltungsmogul zum Rennen ums Weiße Haus angetreten ist. Schon im Jahr 1999 startete er eine eigene Präsidentschaftskampagne. Damals fühlte er sich noch bei der recht unbedeutenden Reform Party aufgehoben. Sein designierter Wahlkampfleiter Roger Stone konnte Trump nicht vom eher unseriösen Vorschlag abhalten, die populäre schwarze TV-Moderatorin Oprah Winfrey als seine Vizepräsidentin ins Gespräch zu bringen. Doch vielleicht war es sogar Stones Idee. So wie die „Besteuert-die-Reichen”-Parole: „Jeder Wall-Street-Ökonom hat unseren Plan verworfen”. „Ein normaler Politiker hätte sich die Haare ausgerissen, aber wir lieben es“, so Mr. Stone damals. Die Schlüsselfragen seiner frühzeitig abgebrochenen Kampagne hätten fairer Handel, die Tilgung der Staatsverschuldung und die Errichtung einer allgemeinen Krankenversorgung sein sollen. Die Themen haben sich geändert. Nur Roger Stone blieb dem Milliardär erhalten. Trump und seine Vertrauten sind sich bewusst, wie man Beachtung findet: „Ich benutze die Medien genau so, wie sie mich benutzen – um Aufmerksamkeit zu erzeugen.“ „The Donald“ weiß, wie es läuft: „Wenn man die Dinge ein wenig anders macht, wenn man unerhörte Dinge sagt und zurückschlägt, dann lieben sie dich. Deshalb gebe ich manchmal skandalöse Kommentare ab und liefere ihnen damit was sie wollen." Immerhin sei Trump ein schlauer Geschäftsmann und „habe eine Marke zu verkaufen".

Bei den Vorwahlen der Republikaner führt der fünffache Familienvater deutlich. Er gilt vielen aufgrund seiner Kritik an der „Inkompetenz" Washingtons als „Anti-Establishment"-Kandidat. Dazu trägt auch bei, dass er sich schon recht früh kritisch gegen den Irakkrieg ausgesprochen hatte, nicht an den menschengemachten Klimawandel glaubt und erneuerbare Energien für einen großen Schwindel hält. Dazu drischt er gerne heftig auf die „unfairen" und „parteiischen" Medien ein. Für politische Korrektheit habe er schlicht keine Zeit. Seine Unerschrockenheit, Selbstsicherheit und Angriffslust bei öffentlichen Auftritten haben ihn bei vielen beliebt gemacht. Der 69-Jährige wirkt lässig und cool, wenn er mit seinen politischen Widersachern abrechnet. Seine verbalen Ausfälle, in denen er Einwanderer als Vergewaltiger und so manche Frau als Sau bezeichnet, lassen sich durchaus unterschiedlich bewerten. In jedem Fall: Trump polarisiert. Und das will er auch. Mit Sicherheit ist er der unpräsidentiellste Präsidentschaftskandidat seit vielen Jahrzehnten. Seine politischen Gegner nimmt er selten als Individuen ins Visier, gerne jedoch schimpft er über Gruppen. Wenn es um Dinge geht, die jedem einleuchten sollten, schreibt er: „Es ist so offensichtlich, dass es sogar die Demokraten schnallen können."

Trump hat prinzipiell kein schlechtes Verhältnis zur politischen Konkurrenz. Er war selbst jahrelang Mitglied der Partei mit dem Esel als Wappentier. Man tut sich schwer, seine seltenen verbalen Angriffe auf Hillary Clinton ernst zu nehmen. 2008 schrieb er noch, Bill Clintons Gattin würde eine „tolle Präsidentin oder Vizepräsidentin" abgeben. Vier Jahre später hatte sich seine Einschätzung kaum geändert. Auf Fox News wurde er gefragt, ob er die damalige Außenministerin unterstütze. Trumps Antwort: „Ich möchte darauf nicht einsteigen, weil ich sonst in Schwierigkeiten komme." – „Ich mag sie einfach." Immerhin sei sie „eine wirklich gute Person und Frau". Ob Bill oder Hillary – Trump sympathisiert mit beiden. Noch im letzten Jahr bezeichnete er den Vorgänger George W. Bushs als den besten Präsidenten der jüngsten amerikanischen Geschichte. „Anti-Establishment"-Kandidat? Trump selbst sieht das ein wenig differenzierter: „Ich war das Establishment. Noch vor zwei Monaten war ich der brave Bursche. Ich war ein großer Geber. Sobald ich mich entschlossen hatte, ins Rennen zu gehen, gehörte ich plötzlich zu einer Art ‚Halb-Anti-Establishment'. Jetzt, wo ich in den Umfragen führe, werde ich sehr gut behandelt."

Es ist schwer, Trump politisch zu verorten. Interessanterweise kommt er besonders bei strammen Christen, den Evangelikalen, gut an. Dabei scheint seine Vergangenheit viele nicht zu interessieren. Vielleicht ist diese nicht wichtig bei einem Mann, der so überzeugend wirkt, wenn er sagt, er wolle Amerika wieder groß machen. Groß wurde Trump selbst in New York City. Bei seinem Aufstieg als erfolgreicher Bauunternehmer griff er auch auf dubiose

Hilfe zurück. Zu den ominösen Clans der Stadt suchte er als junger Geschäftsmann keine Distanz – ganz im Gegenteil. Mit dem legendären Mafiaboss „Fat Tony" Salerno wickelte er riesige Deals ab. Der Beton für seinen Trump Tower stammte von ihm, und sogar ihren Anwalt teilten sich die beiden New Yorker. Laut dem Pulitzer-Preis-Träger David Cay Johnston war sogar sein persönlicher Hubschrauberpilot ein erfolgreicher Marihuana- und Kokainschmuggler. Als die krummen Geschäfte aufflogen, erstritt Trumps Schwester vor Gericht ein sehr mildes Urteil für den Drogenpiloten. Die Freundin des Verurteilten besitzt interessanterweise millionenteure Wohnungen im Trump-Tower. Und das Gebäude wurde übrigens nicht nur mit Mafiabeton hochgezogen. Über 150 illegale Einwanderer – zu vergleichsweise günstigen Konditionen angeheuert – hatten einen maßgeblichen Anteil am Gelingen des Prestigeprojekts. Trump kennt sich mit guten Deals aus. Wenn er mit marktwirtschaftlichen Mitteln einmal nicht weiterkommt, scheut er nicht davor zurück, die Hilfe des Gewaltmonopolisten in Anspruch zu nehmen. Der Baulöwe, der laut Johnston keine Einkommenssteuer zahlt, unterhält gute Beziehungen zur Regierung. Als er seinen Taxi- und Limousinenparkplatz gegenüber seinem Casino in Atlantic City vergrößern wollte, wurde er kreativ. Einer Hauseigentümerin, die seinem Projekt im Wege stand, bot er an, ihr Haus abzukaufen. Als diese ablehnte, wandte sich Trump an die örtliche Stadtverwaltung, um ein Gemeininteresse an dem Grundstück anzumelden. Die Behörden gaben Trump recht. Die Dame sollte enteignet werden. Sie wehrte sich in einem jahrelangen Rechtsstreit dagegen und obsiegte. Trump zog den Kürzeren. Als die standhafte Dame 2010 in ein Altenheim zog und ihre Tochter das Gebäude zum Verkauf anbot, zeigte sich Trump uninteressiert. Seine Geschäfte liefen schlecht. Die Finanzkrise hatte auch ihn voll erwischt. Ende 2014 schloss das Trump Plaza Hotel and Casino. Es ist nicht der einzige Besitz, den der eifrige Geschäftsmann aufgeben musste.

Trump steht nicht nur für fulminante Großprojekte, sondern auch für grandiose Pleiten. Insgesamt viermal musste er schon Insolvenz anmelden und sich von geliebten Immoblilien wieder trennen. Möglich, dass Trump fast zehn Milliarden schwer ist. Doch wie groß ist der Schuldenberg, auf dem er sitzt? 1991 saß er nach der Pleite seines Casinos, des Trump Taj Mahal, mit fast einer Milliarde in der Kreide. Seine damalige Frau fragte er, als sie in New York an einem Bettler vorbeigingen: „Siehst du den Mann? Im Moment ist er um 900 Millionen Dollar reicher als ich.“ Nach drei weiteren Pleiten bleiben Trumps Finanzen fragwürdig. So vorbildlich und reibungslos, wie es uns der Baulöwe immer wieder weismachen will, ist sein Aufstieg nicht verlaufen. Doch Trump ist ein ausgefuchster Geschäftsmann. Er weiß, wie man Dinge und vor allem, wie er sich selbst verkaufen kann. „Wann haben Sie das letzte Mal ein Schild an einer Pizzeria gesehen, auf dem stand: ‚die viertbeste Pizza der Welt’?!“, fragt er seine lesende Fangemeinde. Entgegen aller Skandale und Pleiten will er seine Talente nutzen, um „die Leute dazu zu bringen, zu denken, dass unser Land besser und wieder groß werden kann und dass sie die Dinge wieder herumreißen können“. Donald Trump: ein Barack Obama für weiße, unzufriedene Amerikaner. Der Vergleich drängt sich jedem auf, der mit dem englischsprachigen Kinderprogramm im Fernsehen vertraut ist. Genau wie Trump animiert Bob der Baumeister seine Freunde, mit ihm Großes zu leisten. Bob fragt die angeregten jungen Zuschauer vor dem Bildschirm: „Können wir es schaffen?“ Wie bei Obama lautet die Antwort aus dem Off: „Yes, we can!“ – „Ja, wir schaffen es“.

Und Trump schafft tatsächlich etwas ganz Großes: Er macht Politik wieder unterhaltsam. Fox und CNN sind Trump für seine Auftritte bei den ersten TV-Debatten der Republikaner mehr als dankbar. Er hat den Sendern Rekordeinschaltquoten beschert. Der New Yorker mit der Vorliebe für rote Krawatten fragt sich, wie viele wohl eingeschaltet hätten, wenn er an den Fernsehduellen nicht teilgenommen hätte. „Nicht viele!“, bemerkt er selbstsicher. Egal, ob die Zuschauer Trump hassen oder lieben – er ist unterhaltsam. Und mehr als unterhalten möchte Trump wahrscheinlich gar nicht. „Ich mache keine Versprechungen, die ich nicht halten kann“, erklärt er offenmütig. Ist Trump ins Rennen gegangen, wohl wissend, dass er nicht Präsident wird – dass er mit seiner Strategie gar nicht Präsident werden kann? Nun, seinem Marktwert hat er inzwischen keinen großen Gefallen getan. Geschäftspartner haben ihn verlassen, und seine erfolgreiche TV-Show wurde inzwischen abgesetzt. Bei einem Regierungsantritt wäre Trump 70 Jahre alt. Um seine ehrgeizigen Projekte zu verwirklichen, um Amerika wirklich wieder „groß“ zu machen, wären mindestens zwei Legislaturperioden vonnöten. Am Ende seiner Amtszeit wäre Präsident Trump

78. Nach zwei zermürbenden Wahlkämpfen wäre sein Gesicht wohl kaum von jugendlicher Frische gezeichnet. Will Trump wirklich Präsident werden? Zweifel daran haben zumindest schon Amerikas Satiriker angemeldet. Der eloquent-witzige Stephen Colbert hat es für viele auf den Punkt gebracht: „Denkt dran, hier ist ein Kerl, der wahrscheinlich nur als Präsidentschaftskandidat angetreten ist, um seine Reality Show zu vermarkten oder seine Matratzenmarke oder seine Liste an Premium-Exfrauen." – „Und nun sieht es so aus, dass er tatsächlich gewinnen könnte. Und egal, was er sagt oder tut – sei es Frauen zu kritisieren, Mexikaner anzugreifen, Muslime auszugrenzen oder zu sagen, John McCain sei ein Verlierer, da er Kriegsgefangener war – nichts davon trübt seine Popularität." Colbert bezog sich dabei auf eine Äußerung Trumps, wonach er auf offener Straße jemanden erschießen könne, ohne an Beliebtheit einzubüßen. Der komödiantische Talkmaster wertet dies als einen Hilferuf des Milliardärs, der sich gerade erst bewusst werde, worauf er sich eingelassen habe. Man kann diese Einschätzung als plumpe Satire abtun, aber sie scheint nicht allzu weit hergeholt zu sein. Wollte Trump wirklich Präsident werden, würde er nicht dafür sorgen, dass auch ein ordentlicher Super-PAC auf die Beine gestellt würde – ein Multimillionen-Spendentopf –, wie er auch Hillary Clinton zugutekommt? Clintons Kampagne verfügt über ein etwa zehnmal größeres Wahlkampfbudget als Trumps. Findige Zeitgenossen werden einwerfen, dass der Milliardär seinen Wahlkampf größtenteils selbst finanziert – unhabhängig und ohne Fremdinteressen. Die Fassade des weißen Ritters beginnt aber zu bröckeln,

wenn man einen Blick auf seine hauseigene Stiftung, die Donald J. Trump Foundation, wirft. Nicht nur hat Trump in den letzten Jahren über 100.000 Dollar an die Stiftung der Clintons gespendet, sondern auch 40.000 an die Drumthwacket Foundation. Interessanterweise zeigen die anderen großen Spender der gemeinnützigen Einrichtung enge Verbindungen zum Gouverneur New Jerseys, Chris Christie, Trumps Gegenkandidat in den Vorwahlen. Christie zeigte sich in den Debatten auffällig unkritisch gegenüber Trump und demontierte in aufsehenerregender Weise den gemeinsamen Kontrahenten Marco Rubio. Nachdem Christie aus dem Rennen ausstieg, erklärte er Trump seine Unterstützung. Kann man sich politische Allianzen kaufen? Das fragte sich auch der frühere Gegner im republikanischen Vorwahlkampf, Rand Paul. „Ich meine, das hier läuft doch falsch“, so der Senator aus Kentucky während einer TV-Debatte. „(Trump) kauft und verkauft Politiker aller Couleur“. „Er setzt bereits auf die Clintons, okay?“ Paul führte aus: „Also, wenn er nicht als Republikaner ins Rennen geht, vielleicht unterstützt er Clinton oder vielleicht tritt er auch als Parteiloser an, aber ich würde sagen, dass er sich bereits absichert, da er es gewohnt ist, Politiker zu kaufen.“ „Nun“ antwortete Trump lakonisch, „ich habe ihm eine Menge Geld gegeben“. Der Charismatiker bezog sich dabei auf seine Spende an die klinische Einrichtung, die Pauls Reisen in Entwicklungsländer finanziert hat. Ron Pauls Sohn hat in den letzten Jahren in Guatemala und auf Haiti Augenoperationen vorgenommen. Gemeinnützige Tätigkeiten – mit der Unterstützung Trumps.

Ein Vergleich der Trump Foundation mit der Stiftung der Clintons offenbart einen deutlichen Unterschied. Besonders in Bezug auf die Anzahl an Spendern. Im letzten Jahrzehnt konnte das Präsidentenpaar über 65.000 individuelle Spenden aquirieren. In Trumps Fall waren es weniger als 35. Und dabei zwackt der Milliardär selber nichts von seinem Privatvermögen zugunsten seiner Stiftung ab. Kurioserweise gönnt sich die Trump Foundation im Gegensatz zur wohltätigen Konkurrenz nicht einmal einen Internetauftritt. Trump allein bestimmt, wo das Stiftungsgeld hinfließt. Die Einrichtung wird von einem langjährigen Vertrauten geleitet. Zum Stiftungsrat zählen zudem seine drei ältesten Kinder, Ivanka, Donald junior und Eric Trump. Keine weiteren Mitarbeiter. Keine Einsicht in die Stiftungsarbeit. Das einzige Aushängeschild des Vereins: Donald Trump. Christina Wilkie ist Reporterin für die Huffington Post in Washington. Früher war sie für die Brookings Institution und das Aspen Institute tätig. Den Zweck von Trumps Stiftungsarbeit sieht die Journalistin kritisch: „Die Trump Foundation wird größtenteils von außenstehenden Spendern finanziert, von denen viele dies als Gelegenheit ansehen, mit der globalen Elite zu verkehren und sich möglicherweise bei einer der mächtigsten Familien Amerikas beliebt zu machen."

Erhofft sich Trump etwa nur einen persönlichen Vorteil von seinem Wahlkampf? Hat er eine geheime Abmachung mit den Clintons? Betreibt er gerade Wahlkampf in vollem Bewusstsein, dass er am Ende gar nicht gewählt wird? Alles nur ein abgekartetes Spiel? Trump, die Trumpfkarte der Demokraten? Vor neun Jahren befand sich The Donald tatsächlich in einer ganz ähnlichen Situation – wenn auch in anderer Rolle. Für etwa eine Million Dollar soll Trump zugesagt haben. Das Geld floss auf das Konto seiner Stiftung. Der Spender: Die World Wrestling Entertainment Inc. Trump hatte damals zugesagt, sich mit dem Chef des Wrestling-Verbandes, Vince McMahon, zu duellieren. Die Geschäftsmänner einigten sich darauf, Profiwrestler in ihren Namen in den Ring zu schicken. Der Sieger sollte dem Verlierer vor den Augen des Publikums den Kopf rasieren. „Das ist ein Deal, aus dem Donald Trump nicht aussteigen kann. Warum?", fragte McMahon, der Initiator des „Kampfs der Milliardäre". „Weil dies Vince McMahons Welt ist. Ich habe diese Welt erschaffen, ich habe Wrestlemania erschaffen, und ich wäre verdammt, wenn ich mich blamieren würde." Am Ende hielt Trump einen Rasierapparat in der Hand. Sein Wrestler hatte gewonnen.

Als Donald Trump 1999 seinen ersten Wahlkampf vorbereitete, interviewte die „New York Times" seinen Chefberater, Roger Stone. Stone berichtete der Zeitung, wie er zu High-School-Zeiten seinen eigenen Wahlkampf im Rennen um das Amt des Schülersprechers organisiert hatte. Bei seiner Wiederwahl habe er nichts dem Zufall überlassen. „Ich habe Allianzen geschmiedet und alle ernst zu nehmenden Kandidaten auf meine Liste gesetzt. Dann habe ich den unbeliebtesten Typen der Schule zu meinem Gegenkandidaten gemacht. Glauben Sie, das sei gemein? Nein, das ist klug."

Auch Trump ist klug. Egal, ob er ein Einreiseverbot für Muslime fordert oder verlangt, abtreibende Frauen zu bestrafen. Trump macht sich nicht nur beliebt, sondern auch unbeliebt. Und das mit Absicht. Er ist ein professioneller Polarisierer. Das freut besonders Hillary Clinton, die in den Umfragen führt. Sein untypisches Verhalten verwundert zuweilen politische Kommentatoren: „Auch diese Kommentare werden Donald Trump nicht helfen“, so ein kanadischer Nachrichtenreporter. „Sein Niedergang in diesem Wettbewerb wird fast wöchentlich vorhergesagt – aber dennoch: Hier ist er.“ Die unpolitische Art Trumps hat nur ein Ziel: Hillary Clinton ins Weiße Haus zu hieven. Seine Worte sind ein Garant dafür. „Wetten Sie nicht gegen das, was ich sage“, verlangt er von seinen Anhängern und könnte damit sogar richtig liegen. Sie sollten aber auf alle Fälle gegen Donald Trump wetten – sofern Sie gewinnen wollen. Glauben Sie dabei nicht dem Autor – vertrauen Sie dem Markt. Die Quoten der Wettbüros sprechen eine deutliche Sprache.

Hillary Clinton: Sex, Mord und Drogen

Weiße Propellermaschinen standen auf dem Flugplatz von Mena im US-Bundesstaat Arkansas zum Abheben bereit. Es war noch dunkel und etwas kühl an diesem Sonntagmorgen im August 1987. Bahnarbeiter waren routinemäßig unterwegs. Die Strecke, die sie abzufahren hatten, sollte an dem kleinen Ort Mena vorbeiführen. Ein erschreckender Fund auf den Gleisen ließ den Zug unerwartet zum Stehen kommen. „Oh mein Gott!" rief der Bahningenieur Stephen Shroyer. Die zerstückelten Leichen zweier junger Männer lagen auf den Bahngleisen verteilt. Es waren der 17-jährige Kevin Ives und der ein Jahr jüngere Don Henry. Der Anblick ihrer toten Überreste war verstörend. Obwohl es noch nicht einmal dämmerte und die Bahnarbeiter die Leichenreste mit ihren Lampen in Augenschein nahmen, war klar: Irgendetwas stimmte nicht. Augenzeuge Jerry Tomlin, ein erfahrener Hobbyjäger, erinnert sich, dass kaum Blut am Unglücksort zu sehen war. „Und auch die Farbe verstörte mich." Das Blut „war dunkel, mehr in Richtung lila". Der Autopsiebericht warf mehr Fragen auf, als er Antworten gab. Der staatliche Pathologe erklärte den Unfallhergang mit einer praktischen Überdosis Marihuana, wonach sich die Jungs zugedröhnt auf die Bahngleise gelegt hätten. Der Autopsiebericht wurde scharf kritisiert. Er gab keinerlei Anhaltspunkte über merkwürdige

Verletzungen an den Körpern der Teenager, die gar nicht von einem Zug hätten stammen können. Höchst suspekt auch die Tatsache, dass eine Schusswaffe in unmittelbarer Nähe des Unglücksorts gefunden wurde. Die Arbeit des Gerichtsmediziners wurde anscheinend von ganz oben abgesegnet. Linda Ives, die Mutter eines der Getöteten, erhob schwere Anschuldigungen gegen den Gouverneur des Bundesstaates: „Clinton fand ständig Entschuldigungen." – „Sie gaben dem Pathologen eine Gehaltserhöhung, was eine Beleidigung für meine Familie und für viele andere im Staat war. Ich war empört, dass der Schutz eines politischen Günstlings Clintons wichtiger war als die Tatsache, dass zwei junge Burschen ermordet worden waren."

Auf Druck der Angehörigen wurde schließlich ein Verfahren zum mysteriösen Doppelmord aufgerollt. Führende Person im Prozess war Dan Harmon. Er sollte Beweise zusammentragen und Zeugen ausfindig machen. Bemerkenswerterweise sind im Prozessverlauf eine Handvoll Zeugen auf mysteriöse Weise ums Leben gekommen. Der örtliche Kriminalkommissar John Brown erinnert sich: „Sobald ich in den Fall eingeschaltet wurde, begann Harmon mich zu diskreditieren, ohne mich überhaupt zu kennen. Ich konnte mir keinen Reim darauf machen." Der Fall verlief im Sande. Knapp zehn Jahre nach dem Tod der Jungs kam es zu einem Urteil. Allerdings war es keines, auf das die Angehörigen der ermordeten Teenager gewartet hätten: Harmon wurde in elf Punkten für schuldig befunden, darunter: Korruption, Erpressung und Drogenhandel. Er wurde zu acht Jahren Haft verurteilt. Der Anwalt hatte seine Stellung missbraucht, um Rauschgift und Geld zu schmuggeln. Sharline Wilson kannte sich bestens aus mit narkotischen Substanzen. Sie kannte auch den County-Anwalt Dan Harmon. Die Zeugin im Mordprozess gestand Jahre später ihre Karriere als Kokainlieferantin. Sie erinnerte sich, alle zwei Wochen zu den Bahngleisen gegangen zu sein, um dort Lieferungen in Empfang zu nehmen. „Manchmal wurde es eingeflogen, und manchmal wurde es vom Zug geworfen. Große Pakete, groß wie Heuballen, so schwer, dass ich Probleme hatte, sie zu heben. Roger half ein paar Male." Roger Clinton war der Halbbruder des damaligen Gouverneurs. Auf Partys habe sie beide, Roger und Bill, mit Kokain versorgt. Der Stoff stammte von den Bahngleisen. Im August 1987, weiß sich die hübsche Sharline zu erinnern, habe sie im Auto auf eine Lieferung gewartet. Sie kennt auch noch all die beteiligten Namen. Als einer der drei, Harmon, wieder in den Wagen einstieg, sei er blutverschmiert gewesen. „Fahr los!" soll er gerufen haben.

Roger Clinton, ehemaliger Sänger der Amateurband „Dealer's Choice" (Wahl des Dealers) wurde bereits 1984 wegen Drogenschmuggels verurteilt. Absitzen musste er nur ein Jahr. Anfang 2001, kurz bevor sein Bruder das Weiße Haus verließ, wurde er sogar nachträglich amnestiert. Die Kokainabhängigkeit der Clintons war ein familiäres Problem. Während seiner Zeit als Gouverneur hatte Bill Clinton, der von seinem Bruder ab und an als „Staubsauger" bezeichnet wurde, vermehrt gesundheitliche Probleme. Betsey Wright, seine Stabschefin, gestand, dass er mehrmals auf Entzug gesetzt werden musste. Laut Sam Houston, Arzt in der Arkansaser Hauptstadt Little Rock, wurde Clinton bereits in der frühen 80ern in der Universitätsklinik wegen Kokainmissbrauchs betreut. Seine Frau Hillary soll den behandelnden Ärzten gedroht haben, dass sie ihre Karriere an den Nagel hängen könnten, sollte auch nur ein Wort darüber das Behandlungszimmer verlassen, berichtete der Journalist Christopher Ruddy. Clinton fand aber nicht nur Spaß am Koks. Seine Lieblingsgeliebte, die ehemalige TV-Reporterin Gennifer Flowers, erinnert sich in ihrem Buch „Passion and Betrayal" („Leidenschaft und Betrug") nicht nur an wilde Sexeskapaden mit dem Südstaatengouverneur, sondern auch an andere pikante Details: „Ich dachte, wie dumm es von ihm war, Marihuana mit sich herumzutragen, aber es war doch typisch für seine Haltung, ‚schusssicher' zu sein."

Für schusssicher hielt der Gouverneur auch generell seinen Umgang mit Frauen. Für seinen unwiderstehlichen Charme bekannt, machte Clinton immer wieder auf Partys und sogar in der Öffentlichkeit auf sich aufmerksam, indem er ungeniert mit jungen Damen kokettierte. Um seinen Appetit nach jungem Fleisch zu stillen, ließ er seine State Trooper, die eigentlich für seinen körperlichen Schutz zuständig waren, auch für sein leibliches Wohlbefinden arbeiten. Unter Eid sagten später einige von ihnen aus, wie sie den gierigen Gouverneur mit Telefonnummern junger, attraktiver Damen versorgten. Für sexuelle Dienste erhielten die Damen „fairerweise" Gegenleistungen in Form von staatlichen Bürojobs. Eidesstattlich erklärten die Trooper Larry Patterson, Larry Douglass Brown und Roger Perry, wöchentlich mehrere Frauen für ihren Chef klargemacht zu haben. Zwei der genannten Staatsdiener behaupteten sogar, Damen in das Anwesen des Gouverneurs geschleust zu haben, wobei sie sicher gehen sollten, dass Hillary und Tochter Chelsea in der Oberetage schliefen, während sich Bill im Untergeschoss mit dem Gast vergnügen durfte. „Hillary Watch“ sollen sie ihre nächtliche Schicht genannt haben.

Wild waren Bills Frauengeschichten immer. Doch es soll auch vorgekommen sein, dass der ehemalige Oxford-Stipendiat über die Stränge geschlagen hat. 1978 soll der junge Generalstaatsanwalt seines Heimatstaates Arkansas einen Blick auf seine Wahlkampfmitarbeiterin geworfen haben. Juanita Broaddrick wollte dem hoffnungsvollen Nachwuchstalent helfen, Gouverneur zu werden. Die Krankenschwester war zu einer Pflegekonferenz in der Hauptstadt Little Rock und wollte sich eigentlich nur kurz mit Bill auf einen Kaffee treffen. Der damalige Hoffnungsträger der Demokraten war jung, attraktiv und mit einer ebenfalls überaus fähigen Anwältin verheiratet. Bill schlug vor, sich in Juanitas Hotelzimmer zu treffen. Dort angekommen, machte Clinton keinen Hehl aus seiner Zuneigung zu der hübschen Krankenschwester. Der künftige Gouverneur „war plötzlich eine ganz andere Person, er war einfach nur teuflisch und grauenhaft“. – „Ich schrie, er solle aufhören. Und genau da begann er, meine rechte Schulter nach unten zu drücken und in meine Lippe zu beißen“, erinnert sich Juanita Jahre später. Zwei Mal hintereinander habe er sie vergewaltigt, ohne von seinem Opfer abzulassen. Sie werde niemals vergessen, wie er seelenruhig seine Sonnenbrille aufsetzte, nachdem er fertig war. Für die blutüberströmte Lippe gab Clinton der Krankenschwester einen Tipp, bevor er ging: „Mach am besten etwas Eis drauf."

Laut Autor Robert Morrow soll Bills Frau Hillary von der Vergewaltigung Wind bekommen haben. Der ehemalige Clinton-Vertraute Larry Nichols will dabei gewesen sein, als Hillary damals wutentbrannt in ein Wahlkampf-Büro stürmte und rief: „Ihr werdet niemals glauben, was der Motherfucker getan hat – er hat versucht, ne Schlampe zu vergewaltigen!" Doch anstatt sich von ihrem Ehemann zu trennen, deckte sie ihren politischen Partner. Schon 1975 verteidigte sie als junge Anwältin einen Vergewaltiger, von dessen Schuld sie insgeheim ausgegangen war. Sie habe nur ihre Pflicht getan, verteidigte sich später die selbsterklärte Frauenrechtlerin. Möglicherweise sah Hillary ihre Ehe mit Bill auch nur als bloße Pflichterfüllung. Als sie Bills Opfer Jahre später, ausgerechnet auf einer Wahlkampfveranstaltung, wieder traf, schüttelte sie ihre Hand: „Wir möchten dir danken für alles, was du für Bill tust." Für ihre eigene Karriere hat Hillary viel getan. Sie wurde die erste weibliche Anwaltspartnerin in einer der angesehensten Kanzleien ihres Bundesstaates. 1980 kam ihr einziges Kind zur Welt. Als die Tochter heranwuchs, wurde die Ähnlichkeit zu ihrem Vater Bill Clinton nicht wirklich evident. Augenscheinlich war aber, dass sie erstaunlich viele Züge des Anwaltspartners teilte, der später Karriere in Bills Regierung machen sollte: Webb Hubbell. Der grobschlächtige Jurist hatte nur wenige Jahre zuvor mit dem späteren Traumpaar die Anwaltsprüfung abgelegt. Die äußere Ähnlichkeit zwischen dem Bundesrichter und späteren stellvertretenden Generalstaatsanwalt Hubbell und Chelsea Clinton ist geradezu frappierend. Bemerkenswert auch die Auszeichnung, die Hillary Clinton 1984 zuteil wurde: „Arkansas‘ Mutter des Jahres“. Empört über die Wahl Clintons, verlieh der State Trooper Ralph Parker seinem Unmut vor Augen und Ohren seiner Kollegen Ausdruck: „Mutter des Jahres?“ zürnte der Mann, wohlwissend, wie wenig sich Hillary um ihr einziges Kind kümmerte. „Wie wäre es mit Motherfucker des Jahres?“ Seine Kollegen waren besorgt, dass die prämierte First Lady des Bundesstaates nur wenige Meter entfernt im Konferenzraum des Gouverneurssitzes etwas vom allzu lauten Murren mitbekommen haben könnte. Dennoch „war es ein großartiger Moment“, zitiert der Bestsellerautor Christopher Andersen einen Augenzeugen in seinem lesenswerten Buch „American Evita: Hillary Clinton's Path to Power“ („Amerikas Evita: Hillary Clintons Weg zur Macht“).

Hillary war bekannt und gefürchtet für ihr loses Mundwerk. Unzufrieden mit der bloßen Rolle als First Lady und von den ständigen Eskapaden ihres Mannes geplagt, reagierte sich „Hillary Rodham“, wie sie am liebsten angesprochen wurde, am Sicherheitspersonal ab. Die gebürtige Chicagoerin nannte die bewaffneten Hutträger „Shitkicker“, „Rednecks“ und „White Trash“. Sie machte sich regelmäßig über die zum Teil übergewichtigen Staatsdiener lustig. Wohl auch am Mangel an Privatsphäre leidend, konnte ein bloßes „Guten Morgen, Frau Clinton“ einen Tobsuchtsanfall entfachen. „Fuck off – verpiss dich!“ – „Es reicht, dass ich euch Shitkicker jeden Tag sehen muss. Ich werde nicht auch noch mit euch sprechen. Tut einfach euren gottverdammten Job und haltet eure Klappe“, wies sie ihre Bediensteten in eher undiplomatischer Manier an. Trooper Patterson erinnert sich, wie er von Madam Clinton angewiesen wurde, in ihrem Beisein still zu sein: „Du klingst“, erklärte sie ihm, „wie eine Schnapsnase“ (like a hick). Hillarys Unmanierlichkeiten waren aber nicht auf wenige Tage im Monat beschränkt. Der State Trooper Larry Gleghor erinnert sich: „Sie war eine Zicke, tagein, tagaus“ („a bitch day in and day out”). Zielscheibe ihrer Tiraden waren aber nicht nur die armen Angestellten. „Einmal“, erinnert sich State Trooper Patterson, „als Bill in der Zeitung zitiert wurde, wie er etwas sagte, das sie nicht ausstehen konnte, kam ich ins Anwesen, und er stand auf den oberen Stufen der Treppe, und sie stand unten und schrie. Sie hatte Schaum vor dem Mund und nannte ihn ‚Motherfucker‘, ‚Schwanzlutscher‘ und was nicht alles. Ich ging in die Küche, und die Köchin, Miss Emma, drehte sich zu mir um und sagte: ‚Der Teufel steckt in der Frau.‘“

Bill Clinton, der sich wohl ebensowenig mit Ruhm bekleckert hat wie seine zumeist speziell gelaunte Gattin, ließ keine Chance ungenutzt, seine politische Karriere durch sexuelle Eskapaden aufs Spiel zu setzen. So machte er nicht einmal davor halt, die 1981 gekürte Miss America und Landsfrau aus Arkansas, Elizabeth Ward Gracen, zu betören. Die Schönheitskönigin traf den umtriebigen Schürzenjäger 1983 auf einer Benefizveranstaltung. Wenige Tage später, so Gracen, hatten die beiden Sex in ihrem Apartment. Recht ungezügelt sei es damals zur Sache gegangen. Die amerikanische Vertreterin auf dem Miss Universe Contest berichtete von heftigen Bissen in die Lippe, was Blutungen nicht ausließ. Die schmerzhafte Erfahrung ließ Gracen verstört und unsicher zurück. Unschöne Erinnerungen lassen sich hierbei kaum unterdrücken. Es soll nicht verwundern, dass der Hengst aus Arkansas diese Episode wie auch so viele weitere in seiner Autobiographie unerwähnt lässt. Schwierigkeiten hat Bill auch im Umgang mit Bobbie Ann Williams und ihrem 1985 geborenen Sohn. Die farbige Prostituierte genoss regelmäßigen Umgang mit Bill Clinton. Einmal soll er sie zusammen mit zwei weiteren Damen abgeholt haben und mit ihnen auf sein Landhaus gefahren sein. Als sie schwanger wurde, erzählte Williams einer Gazette, habe Bill über ihr Bekenntnis, dass er der Vater ihres Kindes sei, nur gelacht. Ebenso wurde sie von ihrer eigenen Familie belächelt. Als ihr Kind dann zur Welt kam, habe sie Erstaunen mit ihrer Geschichte ausgelöst. Ihr Kind, Danny, war praktisch weiß und sah mit jedem Jahr seinem mutmaßlichen Vater ähnlicher. Nachdem die Mutter wegen Prostitution und Drogenmissbrauchs im Gefängnis landete, wuchs Danny bei ihrer Schwester auf – in einer der ärmsten Gegenden der Hauptstadt Arkansas‘. Als der Junge drei Jahre alt war, verbreitete der Lokalaktivist Robert McIntosh die unselige Botschaft, ein uneheliches Kind des Gouverneurs sei geboren worden. Dannys Tante, wohl um Profit aus der Affäre zu ziehen, telefonierte sich bis zur First Lady des Bundesstaates durch. „Ist es wahr?“ soll sie Hillary gefragt haben, „dass er dieses uneheliche Kind hat?“ Wenige Monate später stand die Tante vor Hillarys Haustür. Im Arm trug sie den unehelichen Sohn. Diesmal verweigerte Mrs. Clinton den Kontakt. Daraufhin startete die Tante ihre eigene Kampagne. Unerschrocken zeigte sie sich auf öffentlichen Veranstaltungen der Clintons. Dem Gouverneurspaar blieb es fortan nicht erspart, in jeder versammelten Menschenmenge mindestens ein Schild zu erblicken, das „wenigstens einen Tropfen Blut" vom mutmaßlichen Erzeuger verlangte. Die Gerüchte um Clintons Vaterschaft rissen nicht ab. „Das ist gefährlich, Bill", warnte Hillary ihren Mann. „Die Leute fangen an, diesen Mist zu glauben. Wir müssen irgendwas tun", riet die gerissene Anwältin mit Blick auf Bills kommenden Präsidentschaftswahlkampf. Der fleißige Gerüchtekoch McIntosh und die Clintons ließen sich auf einen Deal ein. Am Tag der Amtseinführung ins Weiße Haus ließ Clinton seinen Nachfolger im Gouverneurssessel von Arkansas eine Begnadigung ausstellen. Sein Sohn, der wegen Kokainhandels zu 50 Jahren Knast verdonnert worden war, kam augenblicklich frei. 2013 gab Danny Williams dem „Globe Magazine" ein Interview. „Ich möchte nur seine Hand schütteln" und „Hi Dad" sagen, bevor dieser sterbe. „Ich hätte auch gerne Kontakt zu Chelsea. Sie ist meine Halbschwester." Wenn er sich da mal nicht täuscht.

Böse Zungen behaupten, Täuschungen und krumme Deals gehörten seit jeher zum Geschäft der Clintons. Im Jahr 2000 veröffentlichte „Newsmax" die Audiokassette eines Interviews zwischen dem Arkansas-State-Trooper Larry Patterson und dem Journalisten Christopher Ruddy. Patterson behauptet auf dem Band, Augenzeuge mehrerer Treffen des Gouverneurs mit dem texanischen Multimilliardär Ross Perot gewesen zu sein. Zusammen sollen sie den Plan ausgeheckt haben, durch Perots Kandidatur Stimmen von George Bush senior abzuziehen und somit Clinton die Präsidentschaft zuzuschanzen. Damit der Milliardär aber Clinton wiederum nicht allzu gefährlich würde, begannen die Mainstreammedien Perot als unzurechnungsfähig darzustellen. Das Szenario wiederholte sich kurz vor Clintons zweiter Amtszeit. Damals erschien auch das kompromittierende Buch „Citizen Perot: His Life and Times“, in dem der Unternehmer nicht allzu gut davonkam. (Genau wie sein Klon Trump 20 Jahre später war Perot ausgesprochener Gegner des Freihandelsabkommens NAFTA.) Ein ehemaliger Mitarbeiter im Wahlkampfteam George W. Bushs bestätigte diese Geschichte dem Autor gegenüber. Erstaunlicherweise wurden Untersuchungen über Manipulationsversuche der Clintons nicht automatisch vor Regierungsantritt eingestellt. 1992 versprach der „Mann aus Hope“, dessen Geburtsort sich als „Hoffnung“ übersetzen lässt, dass er die „ethischste Regierung in der Geschichte“ seines Landes auf die Beine stellen würde. Teil seines Wahlversprechens war es auch, ein Höchstmaß an Transparenz bereitzustellen. Denn sein Vorgänger Bush hatte bis dato bezüglich Geheimniskrämerei wahrlich einen Negativrekord aufgestellt. So kam es, dass der erste Regierungstag Bill Clintons zu einem Tag der Offenen Tür werden sollte. 2.000 Bürger gewannen Eintrittskarten ins Weiße Haus. Eine noch größere Zahl sollte schließlich vor den Toren an der Pennsylvania Avenue Schlange stehen. Die Besucher wurden von den höflich grinsenden Clintons und Gores begrüßt – brav aufgestellt, um sich vom schaulustigen Plebs die Hand schütteln zu lassen und wohl platziert zwischen dem Porträt George Washingtons und dem winterlichen Kaminfeuer. Ein junger Mann stellte den Clintons seinen „Ehemann“ vor, und eine Lesbe teilte dem Präsidentenpaar mit, dass ihre Eltern aufgrund ihres Lebenswandels nicht mehr mit ihr sprächen und sie hoffe, dass „Ihre Regierung das ändern wird“. Viele Besucher fühlten sich wohl dabei, den Präsidenten mit „Bill“ anzusprechen. Zugänglichkeit war seit jeher ein Markenzeichen Clintons, und er verstand es auch, dies für seine Präsidentschaft zu vermarkten. „Das ist Ihr Haus und ich bin hier nur ein Stellvertreter“, teilte der neue Oberbefehlshaber der mächtigsten Streitkräfte der Welt der wohlgesonnenen Menge über ein Mikrophon mit. Als sich diese langsam wieder gen Ausgang bewegte, flüsterte die First Lady ihrem Mann ins Ohr – jedoch gerade noch laut genug, um von Fernsehmikrophonen eingefangen zu werden –: „Wir haben gerade all die Leute reingelegt.“ („We just screwed all these people!“)

Obwohl sie 1993 endlich den Sprung ins Weiße Haus geschafft hatte, war Hillary Clinton unzufrieden. Sie war lediglich „First Lady“, ohne besonderen Zusatztitel und klare hierarchische Rangordnung. Kurz vor Antritt spielte sie mit dem Gedanken, Stabschefin des Präsidenten zu werden und somit auch formal alle Fäden in der Hand zu halten. Als man ihr nahelegte, dass dies aus rein juristischen Gründen nicht möglich sei, bestand sie darauf, ihren Kommandostützpunkt im Weißen Haus im Büro des Vizepräsidenten einzurichten. Und als sich Al Gore dem partout widersetzte, gab ihm Clinton nach. „Verdammt nochmal, Bill, du hast mir das Büro versprochen“, soll sie ihrem Mann in Rage entgegengebrüllt haben. Die Lady, die auch den Phantasietitel „Domestic Policy Adviser" für sich beanspruchte, brauchte ein paar Tage, um dem „Motherfucker" diesen Fauxpas zu verzeihen. Das Ansehen und den Respekt, den sich die First Lady im Weißen Haus zu verschaffen suchte, genoss sie bereits in Teilen der Feministenszene. Im März 1993 ließ Hillary ihre Lakaiin Nancy Pelosi auf einer schwul-lesbischen Parade ein „Statement des Präsidenten zum Marsch auf Washington" vorlesen. Bill Clintons erste Amtshandlung war es, offen Homosexuellen den Dienst an der Waffe zu erlauben. Während der Homo-Parade erklang auf der Rednertribüne die dominant-weibliche Stimme einer politisch-sexuellen Frauenrechtsaktivistin: „Ich werde euch ein Geheimnis verraten", erklärte die Amazone. „Hillary Clinton hatte eine lesbische Affäre. Wenigstens haben wir eine First Lady im Weißen Haus, die wir ficken können!" Jubel unter den TeilnehmerInnen.

Clinton hat aus ihrer Sympathie gegenüber der lesbisch dominierten Frauenbewegung nie einen Hehl gemacht. Das Frauen-Elitecollege, dem sie stolz angehörte, galt als Lesbenhochburg mit einem hohen Anteil an lesbischen Professorinnen. Sie sah in der wachsenden Lesben-Bewegung ihrer Studentenjahre praktische politische Elemente. Hillary sprach viel darüber, las lesbische Literatur und nahm viele Gedanken daraus dankbar als revolutionäre Konzepte auf. Während seiner Affäre mit Gennifer Flowers fragte diese Bill Clinton, ob etwas dran sei an den Gerüchten, Hillary habe etwas mit einer anderen Frau laufen. „Ich achtete auf sein Gesicht, um seine Reaktion zu beobachten, und konnte es nicht glauben, als er in schallendes Gelächter ausbrach“, so Flowers. „‚Honey‘, sagte er, ‚sie hatte wahrscheinlich schon mehr weibliche Kontakte als ich.‘“ („She’s probably eaten more pussy than I have.“) Lustigerweise wird in einer Folge der Erfolgsserie „Die Simpsons“ aus dem Jahr 2000 auf die nicht ganz eindeutige Heterosexualität Hillary Clintons Bezug genommen. In der Episode, die in der fernen Zukunft spielt, erklärt Präsidentin Lisa Simpson: „Ja, ich bin stolz darauf, Amerikas erste heterosexuelle weibliche Präsidentin zu sein.“ Hillary selbst wundert sich beim Blick auf die Kleiderauswahl in der Herrenabteilung, dass „nicht mehr Frauen lesbisch sind“.

Ob nun lesbisch oder nicht, Hillary Clinton hat auch eine heterosexuelle Vergangenheit – außerhalb ihrer Ehe – vorzuweisen. So nahm sie ihren langjährigen Geliebten Vince Foster, den sie auch liebevoll „Vincenzo Fosterini“ nannte, gleich mit ins Weiße Haus. Foster war wie Webb Hubbell Partner in der gemeinsamen Kanzlei in Arkansas. Eine Sekretärin der Anwaltsfirma gab an, dass man bereits Ende der 70er sehen konnte, dass sich Foster und Clinton „wie zwei Verliebte“ benommen hätten. Einer von Bills Vertrauten, L. D. Brown, zeigte sich erstaunt, wie offenherzig die beiden ihre Affäre auslebten. „Er küsste sie, und ich meine richtig heftig, mit offenem Mund, Zunge bis zum Hals, und dann zwinkerte er mir zu. Denen war egal, wer es erfahren würde.“ Im Juli 1993 war Vince Foster tot. Man fand ihn in einem Park unweit des Weißen Hauses. Zum Tatzeitpunkt war weder ein Schuss zu hören, noch war die Kugel zu finden, die durch Fosters Kopf geschossen wurde.

Merkwürdig waren auch die Teppichfasern, die an Fosters Kleidung gefunden wurden, und die blanken Schuhe, mit denen er über feuchtes Gras spaziert sein soll. Ein Journalist, der sich zum angeblichen Tatzeitpunkt sehr nahe an dem Ort aufhielt, an dem sich Foster das Leben genommen haben soll, wurde innerhalb weniger Wochen von „bis zu 30 Leuten" verfolgt, verhört und belästigt. Vieles spricht dafür, dass die Leiche Fosters am angeblichen Tatort platziert wurde, um den eigentlichen Tatort, wahrscheinlich das Weiße Haus, zu vertuschen. Manche Autoren gehen von Mord aus. Wie dem auch sei: Auch in diesem (Selbst-) Mordfall gibt es mehr Ungereimtheiten als feststellbare Tatsachen. Jahre nach Fosters Tod wurde Hillary in einem TV-Interview von Barbara Walters ganz unverblümt gefragt: „Waren Sie ein Liebespaar?" Hillary zögerte mit der Antwort. „Ich vermisse ihn sehr", erwiderte sie lapidar.

Umgeben von unzähligen Affären und Skandalen wurde Hillary bereits ein paar Monate vor Fosters Tod ein schwerer Schlag versetzt. Ihr Vater, Hugh Rodham, erlitt einen schweren Schlaganfall. Während sie am Totenbett mit der Frage konfrontiert war, die lebenserhaltenden Geräte laufen zu lassen oder abzustellen, empfing Bill im Weißen Haus Besuch aus Hollywood. Seine Freundin Barbra Streisand war über ein paar Tage in Washington und wurde im Lincoln-Schlafzimmer untergebracht. Nach dem Tod ihres Vaters erfuhr die zurückgekehrte Hillary vom prominenten Besuch. Just am Tag ihrer Rückreise wurde das Weiße Haus von laut zugeschlagenen Türen und Gekreische heimgesucht. Am nächsten Morgen wurde der Pressesekretär Dee Dee Myers mit Fragen zur offensichtlichen Platzwunde an der Wange und am Hals des Präsidenten konfrontiert. Er habe sich beim Rasieren geschnitten, lautete die faule Ausrede, mit der die neugierige Presseschar abgespeist wurde. „Dann sah ich ihn", gab Myers später zu. „Es war eine große Wunde, und sie kam sicher nicht vom Rasieren." Bedienstete brachten an diesem Tag das blutige Laken des Präsidentenbetts in die Wäscherei. Das Bett des Präsidentenpaares war von Bücherregalen umgeben. „Wir sind ziemlich sicher, sie hat ihm eins mit einem Buch übergebraten", verriet eine Hausangestellte.

Hillarys Dominanz trat auch außerhalb des Schlafzimmers in Erscheinung. Das Bombardement der Bundesrepublik Jugoslawien 1999 wurde zu einer Familienangelegenheit. Hillary verriet einem Interviewer im Sommer jenes Jahres: „Ich drängte ihn dazu, zu bombardieren. Man kann das einfach nicht geschehen lassen, am Ende eines Jahrhunderts, das den großen Holocaust unserer Tage erlebt hat. Wozu haben wir denn die NATO, wenn nicht, um unseren Way of Life zu verteidigen?" Ein Journalist der „Los Angeles Times" stellte damals fest: „Es ist kaum überraschend, dass Hillary Präsident Clinton gedrängt hat, Clusterbomben auf die Serben zu werfen, um ‚unseren Way of Life' zu verteidigen. Die First Lady ist eine Gesellschaftsklempnerin. Sie glaubt an therapeutische Maßnahmen und an die Pflicht des Staates, solche Maßnahmen durchzusetzen. Krieg ist mehr eine Art Gesellschaftsklempnerei, ‚Herumdoktern' via Sprengstoff, Sozialtherapie mittels gelenkter Raketen. Als harter Therapie-Cop (therapeutic cop) scheut sie nicht vor der härtesten Therapieform zurück: der Todesstrafe." Milošević, Hussein,

Gaddafi. Wer auch immer sich der Lady mit der eisernen Faust entgegenstellt, hat nichts zu lachen. Seit jeher waren Männer Zielobjekte ihres Hasses. Ihren Vater verachtete die ehrgeizige Hillary, weil er nie für sie da war, ihr seine Achtung verweigerte und ihr niemals zeigte, dass er sie liebte. „Hinter jeder dominanten Frau steckt ein tyrannischer Vater", heißt es. Hillarys Vater verehrte Richard Nixon. Deshalb verachtete sie ihn. Als sie mit 26 Jahren in den Untersuchungsausschuss zur Amtsenthebung Nixons aufgenommen wurde, versuchte sie die Regularien so ändern zu lassen, dass dem Präsidenten jede juristische Beratung untersagt würde. „Kalt. Kalt wie Eis", sagte der Gedemütigte nach seinem Abgang über die junge Hillary. Der Chef des Justizkomitees, selber kein Nixon-Freund, nannte Hillary „weniger als ehrenhaft". Hillary ist kein Paradebeispiel einer glücklichen und erfüllten Frau, wohl eher das hasserfüllte Spiegelbild ihres herrischen Vaters. Der von Hillary geliebte Tyrannenmord: wahrscheinlich schlicht Ausdruck unerwiderter Vaterliebe. Ihr Abscheu richtet sich wohl deshalb stets gegen archetypische Männer, weshalb ihre Liebe meist nur von sanftmütigeren Wesen geweckt werden kann. Künftige Psychologengenerationen werden sich damit zu beschäftigen haben.

Hillary ist eine eifersüchtige Frau. Ihre Eifersucht speist sich aus ihrem Stolz und ihrer leicht verletzbaren Eitelkeit. Man könnte auch von kindlichem Neid sprechen. In den letzten Tagen im Weißen Haus bereitete ihr der Gedanke, dass ihr jemand den Platz wegnehmen würde, panisches Unbehagen. „Wäre es nicht hysterisch", sagte Hillary mit einem pathologischen Lächeln auf den Lippen,

„wenn jemand rein zufällig alle Ws von den Computer-Tastaturen entfernen würde?“ Nach nur wenigen Stunden sahen die Büros im Weißen Haus aus, als habe eine ganze Pumuckl-Armee in ihnen gewütet. Kaffee wurde in Aktenschränke geschüttet, Tische wurden umgeschmissen, Nonsens-Nachrichten wurden auf Anrufbeantworter gesprochen, Teppiche wurden wie einst die Felder beim Rückzug römischer Truppen mit Salz bestreut und obszöne Karikaturen an Büroräume geschmiert. Auch ließen die Clintons einen nicht unerheblichen Teil der Möbel verschwinden. Die Frau des abgewählten Vizepräsidenten, Tipper Gore, sollte sich später aus Scham für den kindischen Vandalismus entschuldigen. Hillary zeigte nach dem Verlassen des Weißen Hauses keine Spur von Reue. Allerdings bahnte sich besonders nach 2004, dem großen Tsunami und dem darauffolgenden Publicity-Stunt, in dem sich die Bush- und die Clinton-Familie als große Wohltäter inszenierten, eine enge Freundschaft zwischen den Clans ab. George W. sprach von seinem „sweet Dad“, „einem wundervollen Vater für Bill Clinton und mich“. Bill, der von seinem Nachfolger liebevoll „Bubba“ genannt wird, geniert sich nicht des öffentlichen Rampenlichts, zum Beispiel wenn die beiden gemeinsam ein Basketballspiel besuchen oder auch zusammen auf dem Golfplatz beobachtet werden.

Auch Hillary ist nun aufs Engste mit Georges Gattin, Jenna Bush, verbunden. Manch einer vermutet, die aufgekommene Email-Affäre werde Hillary letzten Endes zugutekommen. Schließlich habe auch „Bubba“ der Lewinsky-Skandal nicht die Präsidentschaft gekostet, sondern mit seiner inszenierten Vordringlichkeit dazu beigetragen, weitaus ernstere Kontroversen nachhaltig aus dem öffentlichen Bewusstsein zu verbannen.

Gary Johnson: Ein steiniger Weg bis ins Weiße Haus

Nur noch ein paar Meter, dann ist es geschafft. Sonnenstrahlen erwärmen langsam das Gesicht des Triathleten, dessen Züge von einem lichten Bart kaschiert werden. Viele seiner treuesten Bewunderer hat er jetzt vor Augen, die ihn gebeten haben, die Reise gar nicht erst anzutreten. Die Silhouetten und Mienen seiner Kritiker verschmelzen plötzlich mit den Bergen im Hintergrund und ergeben ein Panorama, wie es nur auf einem fast 9.000 Meter hohen Gipfel zu sehen sein kann. Das Foto, das er nach dem Ausflug seiner Familie stolz präsentiert, zeigt einen glücklichen, einen triumphierenden Gary Johnson. Denjenigen, die ihn für verrückt erklärt hatten, mit einem nicht ausgeheilten Beinbruch den höchsten Gipfel der Erde zu besteigen, zeigt Johnson sein Bild auf dem Berg. Das eingefangene Lächeln, Ausdruck eines stählernen Willens, der seinen Körper bis an die Grenzen der eigenen Möglichkeiten treibt – und manchmal auch darüber hinaus. Nach Auffassung der Sherpas, die den Berg demütig „Haus des Universums“ nennen, bewohnen Geister und Dämonen die tibetischen Gipfel. Der Mount Everest ist nach buddhistischem Glauben der Sitz einer der fünf „Schwestern des langen Lebens“. Der Geist des höchsten Berges des

Himalaja gibt den Menschen Nahrung und Energie. Als Edmund Hillary 1953 zusammen mit dem Sherpa Tenzing Norgay den Everest zum ersten Mal bestieg, war der kleine Gary Earl noch kein halbes Jahr alt. Genau ein halbes Jahrhundert und einen Tag später sollte er selbst auf der Bergspitze stehen.

Stillstand bedeutet für Johnson den Tod. Und diesem hat er schon oft genug ins Auge blicken dürfen. Bei einem Paragliding-Ausflug machte der ambitionierte Sportler einen fatalen Fehler. Eine Windböe trieb ihn zu nahe an einen Baum. Sein Gleitschirm verfing sich im Geäst. Johnson stürzte nahezu ungebremst zu Boden – 15 Meter tief. Im Gegensatz zu einem österreichischen Präsidentschaftskandidaten kam Johnson nur leicht verletzt davon. Trotz aller Gefahren für Leib und Leben, Johnson liebt den Extremsport und seit jeher den Wettbewerb. Bereits zu Highschool-Zeiten gewann er Schulmeisterschaften im Tennis. Er spielte Basketball und nahm an landesweiten Meisterschaften und Wettrennen teil.

Johnson hat ostslawische Vorfahren. Nicht nur seine Physiognomie lässt das vermuten. Besonders seiner mütterlichen Abstammungslinie (Korneychuk/Bostow) dürfte er sein eher unenglisches, prahlerisches und doch zutiefst sympathisches Wesen zu verdanken haben. Als möglicher Nachfahre von Schwarzmeerkaufleuten hat sich Johnson schon als 21-jähriger Collegestudent selbständig gemacht. Als handwerklich talentierter Alleskönner bot er seine Dienste als Klempner und Bauarbeiter an, um sein Politikstudium an der Universität von New Mexico in Albuquerque zu finanzieren. Kurz nach dem Ende seiner Ausbildung, mit nur 23, gründete er sein eigenes Bauunternehmen, Big J Enterprises. Der fähige Geschäftsmann sollte seine winzige Firma fast über Nacht zu einer angesehenen Größe im Baubusiness New Mexicos machen. Das Chip-Unternehmen Intel expandierte in den 70ern und baute Niederlassungen im ganzen Land. Das junge Talent Johnson konnte sich einen Deal sichern und baute nun nicht mehr nur Gartenhäuser, sondern fortan auch Fabrikhallen. Andere Großprojekte folgten, und nach ein paar Jahren war Johnson der Besitzer eines Multimillionendollar-Unternehmens.

1994: Johnsons Firma beschäftigt inzwischen knapp 1.000 Angestellte. Big J Enterprises gehört zu den größten Unternehmen im gesamten Bundesstaat. Eigentlich könnte sich der erfolgreiche Geschäftsmann jetzt zurücklehnen und sich ein schönes Leben machen. Doch der studierte Politologe hat es satt, dabei zuzusehen, wie Berufspolitiker seine und die Arbeit Zigtausender täglich mit Steuern belasten und durch Verordnungen sabotieren. Er ist jung, charismatisch und selbstsicher. Sein Ziel: den amtierenden demokratischen Gouverneur bei den nächsten Wahlen zu stürzen. Die Sterne waren dem 41-jährigen Selfmademillionär, der seinen Hut für die Republikaner in den Ring warf, mehr als wohlgesonnen. Schon der Beginn der ersten landesweit ausgestrahlten TV-Debatte verhieß dem Amtsinhaber nichts Gutes. Der amtierende Gouverneur, der mit Unterbrechungen schon drei Wahlperioden hinter sich gebracht hatte, schielte nervös auf seine Armbanduhr. Eine ähnliche Geste brachte zwei Jahre zuvor George Bush senior in einer Debatte gegen Bill Clinton Minuspunkte bei vielen Zuschauern ein. In der Welt der Public Relations gilt der Blick auf die Uhr als abträglich. Er demonstriert Desinteresse und stiftet Distanz zum wählenden Publikum. Der adrette Geschäftsmann Johnson charmierte den Wählern durch überzeugende Offenheit und authentische Selfmade-Qualitäten. Die Bürger waren bereit für einen Paradigmenwechsel: mehr Markt – weniger Staat. Ihr Kandidat hieß Gary Johnson.

Als Gouverneur tat sich Johnson durch demonstrative Passivität hervor. Weniger regieren, mehr Laissez-faire lautete seine Devise. Die Wirtschaft und auch die Wähler dankten es ihm. Bei seiner Wiederwahl konnte Johnson den Vorsprung zu seinem Kontrahenten sogar noch weiter ausbauen. New Mexico, immerhin knapp größer als Polen, beherbergt mit rund zwei Millionen Einwohnern nicht viel mehr Menschen als Hamburg. Doch der karge Wüstenstaat ist klein, aber fein. Johnsons Wahlheimat hat nicht nur den berühmten Westernhelden Billy the Kid, sondern auch andere bedeutende Persönlichkeiten wie den Begründer der Hoteliersdynastie Conrad Hilton, die Schauspielerin Demi Moore und den Amazon-Gründer Jeff Bezos hervorgebracht. Die Bewohner New Mexicos sind stolz auf ihren Bundesstaat. Immerhin haben es geschickte Unternehmer geschafft, die karge Landschaft in einen attraktiven Industriestandort zu verwandeln. Aufgrund der beachtlichen Wachstumszahlen der neumexikanischen Wirtschaft wollte ein Journalist vom libertären Gouverneur wissen, wie er es fertig gebracht habe, in so kurzer Zeit so viele neue Arbeitsplätze zu schaffen. Johnsons Antwort lautete lapidar: „Ich habe nicht einen einzigen Arbeitsplatz geschaffen – Unternehmer waren es." Johnsons Leistung als Gouverneur lag besonders darin, Gesetzesinitiativen, die sich meist von Natur aus nur schwerlich mit individueller Freiheit und der freien Marktwirtschaft vertragen, mit einem Veto zu belegen, um somit ihre Verabschiedung zu blockieren. Johnson hat diese Politik den Spitznamen „Governor No" eingebracht. Über zwei Amtsperioden hat er in 742 Fällen die Mühlen der Legislative zum Stehen gebracht. Und darauf ist er stolz. Johnson rühmt sich, „wahrscheinlich mehr Vetos gegen Gesetzentwürfe eingelegt" zu haben „als all die anderen 49 Gouverneure" während seiner Amtszeit zusammen. Am Ende seiner milden Regentschaft war die Arbeitslosigkeit verschwunden und New Mexico einer von nur vier Bundesstaaten, die einen ausgeglichenen Haushalt vorweisen konnten. Inzwischen hatte Johnson sein Baby verkauft. 1999 unterzeichnete ein Investor einen vom Gouverneur ausgefertigten Vertrag, wonach er sein Bauunternehmen für knapp 40 Millionen Dollar erwerben sollte. Die Prämisse des Kaufvertrages war: Keiner der rund 1.000 Angestellten sollte entlassen werden. Damit hatte sich Johnson nicht nur finanziell, sondern auch moralisch für eine Zukunft als Präsidentschaftskandidat abgesichert. Volle zwei Amtszeiten sollte seine Gouverneurschaft dauern. Seit 1912, der Gründung New Mexicos als Bundesstaat, hatte sich kein einziger Gouverneur so lange im Amtssessel halten können. Bis heute ist Johnson der einzige Gouverneur des Wüstenstaates, der vor Amtsantritt keinen einzigen politischen Posten innehatte. Vom Bauunternehmen in die hohe Politik; Johnson hat's erfunden.

Bei Umfragen zur Präsidentschaftswahl 2016 liegt Gary Johnson zuweilen bei beachtlichen zehn Prozent. Dass er jedoch zur ersten Präsidentschaftsdebatte, die für den September angekündigt ist, auch antreten darf, ist zweifelhaft. Für die Debattenteilnahme fordert die Commission on Presidential Debates (Kommission für Präsidentschaftsdebatten) Umfragewerte von über 15 Prozent. Die „gemeinnützige" Debattenbehörde hatte diese Klausel im Jahr 2000 eingeführt, um eine weitere Aufteilung des Zweiparteiensystems zu verhindern. Die Commission wird von Frank Fahrenkopf, dem früheren Vorsitzenden des Republican National Committee, sowie vom früheren Pressesprecher Bill Clintons, Michael D. McCurry, geleitet. Im Direktorium der Debattenhüter sitzen unter anderem noch Howard Graham Buffett, Sohn des Starinvestors Warren Buffett, der ehemalige CIA-Chef Leon Panetta, Caroline Kennedy, Tochter des ermordeten US-Präsidenten, sowie auch hochrangige Medienvertreter und Politiker, die für ihren Einsatz für überparteiliche Verständigung („Bipartisanship") bekannt sind. Ein nicht unelitärer Laden, mögen Kritiker anmerken. Das Wappen der Commission besteht übrigens aus zwei Raubvögeln. Ihr jeweils rechter beziehungsweise linker Flügel ist zu einem einzigen verwachsen. Dabei befinden sich die beiden Vögel im Sturzflug. Der Blick der fliegenden Jäger ist auf denselben Punkt ausgerichtet. Normalerweise teilen sich Raubtiere ihre Beute nur recht ungern.

Die Debattenkommission moderiert die Präsidentschaftsdebatten seit 1988. Davor war seit 1976 die League of Women Voters (LWV) mit der Organisation der wichtigen Wahlkampfsendungen beauftragt. Die LWV gab 1988 ihr Privileg empört ab, nachdem beide Parteien unerhörte Forderungen bezüglich der Debattenregeln stellten. Der Vorsitzende des Vereins begründete den Rückzug wörtlich: „Die Forderungen der beiden Kampagnenorganisationen würden den Betrug am Wahlvolk nur noch weiter festschreiben." Daraufhin wurde die heutige Commission gegründet, deren Vorsitz von der Demokratischen und der Republikanischen Partei übernommen wurde. Weil ein Einstieg ins Rennen um das Präsidentenamt ohne mediale Unterstützung unmöglich ist, hat Johnson Klage gegen die wettbewerbsverzerrenden Bestimmungen der Debattenhüter eingereicht.

„Ich habe früh gelernt, dass es nicht ‚die' gibt, die da sind, um uns klein zu halten oder um uns zu retten. Es sind Sie und ich, die die wichtigen Dinge auf die Beine stellen", so Johnson in seinem Buch „Sieben Prinzipien einer guten Regierung". Er hatte das Werk 2012 für seinen ersten Präsidentschaftswahlkampf verfasst. Es basiere auf sieben Prinzipien, die er auf einen kleinen Zettel geschrieben immer in seiner Brieftasche aufbewahre. Die Prinzipien lauten „Lass dich von der Realität leiten", „Sag immer die Wahrheit", „Tu Gutes und sei fair", „Bestimme dein Ziel und verfolge es", „Stell sicher, dass jeder, der es wissen soll, weiß, was du tust" sowie „Zögere nicht, schlechte Nachrichten zu übermitteln". Für seine siebte Regel zitiert Johnson schließlich sogar Henry Kissinger: „Alles, was sowieso mal ans Licht kommt, sollte sofort aufgedeckt werden."

Für seine aktuelle Kampagne schreckt der libertäre Hoffnungsträger nicht einmal vor Plagiaten zurück, um ins Weiße Haus einzuziehen. Anstelle von Trumps Wahlspruch „Make America great again" – Macht Amerika wieder groß – setzt Johnson „Make America sane again" – Amerika solle wieder „gesund" werden. Damit spricht der lockere Neu-Mexikaner nicht nur Libertäre, sondern vor allem auch linke Chomsky-Fans an, die von den ständigen Militärübungen im Ausland und den Eskapaden an der Wall Street die Nase voll haben. Und von solchen gibt es ja bekanntlich ein paar mehr als registrierte Anarchokapitalisten und Minimalstaatler. „Eigentlich sind ja die meisten libertär", erklärt Johnson, „sie wissen es nur noch nicht". Das Gros der Bevölkerung sei finanztechnisch konservativ, wünsche sich einen ausgeglichenen Haushalt und sei gleichzeitig in gesellschaftlichen Belangen liberal eingestellt. Mit seiner „Message" will Johnson bei der Mehrheit der Amerikaner punkten.

Als ihn ein NBC-Moderator fragt, wann der Staat aktiv werden müsse, erklärt Johnson, dann, wenn unsere Sicherheit gefährdet sei. „Wenn wir angegriffen werden, dann sollten wir zurückschlagen." – „Ich wehre mich gegen den Vorwurf, Libertäre seien Isolationisten. Es sollte Diplomatie bis zum Abwinken geben. Aber bezüglich unserer Militärinterventionen: Soldaten vor Ort (Boots on the ground), Drohnenkriege, in denen Tausende unschuldiger Menschen sterben, das hatte alles die unbeabsichtigte Folge, die Welt unsicherer zu machen. Lasst uns den Kongress an Kriegserklärungen teilhaben – eine Verantwortung, die an die Exekutive und ans Militär abgegeben wurde.“ Die kritische Nachfrage des Interviewstellers: „Also befürworten Sie keine humanitären Einsätze?“ – „Nein, so etwas kann man natürlich nicht ausschließen. Man will natürlich nicht nur dasitzen und eine humanitäre Katastrophe mitansehen.“ Johnson betont dabei aber, ein „Skeptiker“ in Bezug auf Militärinterventionen zu sein.

Er sieht sich als „socially liberal“ – eine Art Grüner, der nicht gleich schon morgen die Landschaft mit Windmühlen zukleistern und den Strompreis um 300 Prozent verteuern möchte. Johnson steht zwischen den Stühlen. Der ehemalige Republikaner gehört nicht zum harten Kern der Anarchokapitalisten, die nur an die Macht wollen, um den Staat bis auf die Grundmauern abzureißen und aus seinen Überresten einen libertären Vergnügungspark zu schaffen. Der libertäre Präsidentschaftskandidat sieht sich im Grunde noch als Republikaner. Von seiner alten Partei ist er schwer enttäuscht. Sie habe ihn im Regen stehen lassen, ihn systematisch aus dem innerparteilichen Vorwahlkampf ausgeschlossen und peinlichen Stümpern das Feld überlassen. Die jetzige Entwicklung der Republikaner sei eine Katastrophe. Für Johnson sind viele von Donald Trumps Aussagen schlicht rassistisch. Er ist froh, nicht mehr einer Partei anzugehören, die einer solchen Person eine Plattform biete.

Jedoch hat auch Johnson Verständnis für die in weiten Teilen der Bevölkerung vorherrschende Annahme, dass illegal Eingewanderte, „illegals“, den heimischen Amerikanern die Jobs stehlen und von Sozialleistungen leben würden. Das klinge logisch, sei jedoch falsch. Nur die „Crème de la Crème“ an mexikanischen Arbeitern würde in den USA überhaupt eine Anstellung suchen. Die Forderung, die Grenzen dicht zu machen, sei blanker Wahnsinn. Was man stattdessen tun solle, sei, die Einkommens- und Unternehmenssteuer abzuschaffen. Die verhasste Steuerbehörde IRS müsse geschlossen werden. Eine drastische Steuersenkung hätte die Folge, dass man „zig Millionen" an Einwanderern ins Land lassen müsste, um die explosionsartig steigende Nachfrage an Arbeitern zu stillen. Den Kritikern einer offenen Grenzpolitik, die Verbrechen von „illegals" als eines ihrer Hauptargumente für die strikte Verteidigung der Außengrenzen ins Feld führen, kontert Johnson mit Statistik: Einwanderer, egal ob illegal oder mit gültigen Papieren im Land, seien im Schnitt weniger strafauffällig als Einheimische. Johnson ist Unternehmer. Kritiker würden ihm entgegnen, dass er das Thema Migration mit Dollar-Zeichen in den Augen betrachtet. Je mehr Einwanderung, desto größer die Masse an zur Verfügung stehenden Arbeitern. Trump und Johnson würden sich wohl auch in diesem Punkt niemals einig.

Die größte Gefahr für die nationale Sicherheit sieht Johnson im unausgeglichenen Staatshaushalt. Der finale Kollaps des Dollars, auf den die heutige Budgetführung hinauslaufe, könne nicht hübsch enden. Als libertärer Präsident stünde auf seiner Prioritätenliste nach der Schuldentilgung die Sanierung des Gesundheitssystems ganz weit oben – dicht dahinter das Zurückfahren der Militärausgaben. Ein Punkt, den die libertäre Ikone Ron Paul als allererstes genannt hätte. Statt auf einen revolutionären Truppenrückzug setzt Johnson eher auf Evolution. Schließlich dürfe die schrittweise Reduktion der „Sicherheitsausgaben" die nationale Sicherheit nicht gefährden. Johnson ist lediglich ein Skeptiker, wenn es um globale Kriegseinsätze der USA geht. Auch diverse Militärallianzen würde ein Präsident Johnson durchaus in Betracht ziehen. Es müsse nur alles viel einfacher strukturiert und kostengünstiger finanziert werden, und die Interessen der USA müssten wieder stärker Beachtung finden. So schließt Johnson die Instandhaltung von US-Stützpunkten im Ausland nicht aus. Und beim Thema Terrorismus sei auch die Nutzung von Kampfdrohnen nicht kategorisch auszuschließen. Mit seiner gemäßigt interventionistischen Art stößt Johnson sogar bei Hardlinern inzwischen auf offenere Ohren, als es Ron Paul gelungen war, der wohl besonders in den Augen strammer Republikaner im Vergleich zum ehemaligen Gouverneur New Mexicos wie ein unverbesserlicher alter Hippie dasteht. Auf CNN sprach Johnson mit Fareed Zakaria, einem bekannten indischstämmigen TV-Moderator und Guru der US-Außenpolitik. Sogar Obama ließ sich kurz vor Beginn seiner Amtszeit mit einem Buch Zakarias in der Hand ablichten: „The Post-American World" – Die Welt nach dem amerikanischen Zeitalter. Die progressiv-linksliberale Wochenzeitschrift „The Nation" taufte den Journalisten „Junior Kissinger". CNN hatte Johnson, der gefragt wurde, ob er denn tatsächlich alle Drogen legalisieren wolle, als den „Wild card candidate" vorgestellt. Es sei zwar besser, alle Drogen zu legalisieren, er persönlich setze sich aber nur für die Legalisierung von Marihuana ein.

Johnson hat die Firma Cannabis Sativa Inc. gegründet. Sein Ziel sei es, die besten Marihuana-Produkte unter dem Kürzel „hi“ an den Mann zu bringen. Johnson bemerkt augenzwinkernd, dass seine Gras-Company alleine mit dem Verkauf von Merchandise-Artikeln eine Milliarde verdienen könne. Ein kleiner Aufkleber auf der Stoßstange soll jeden Liebhaber der qualitativ hochwertigen Cannabisprodukte auch im Straßenverkehr als Fan der Firma ausweisen. „Zwei Buchstaben, ‚hi‘ – das sagt dann schon alles“, erklärt der geschäftsumtriebige Gouverneur seinem Interviewpartner von Reason-TV. Dieser fragt in ebenso trocken-ironischer Art: „Damit darf man sich dann leichter von der Polizei anhalten lassen?“ – „Ja, das wäre wohl ein möglicher Nachteil eines ‚hi‘-Stickers am Auto.“ Der kritische Fragensteller wittert aber noch weitere potentielle Gefahrenquellen. Marihuana sei überhaupt nur in knapp der Hälfte aller Bundesstaaten als Arzneimittel zugelassen. Dabei, so der Gouverneur, herrschten liberale Gesetze zum Grasgenuss in vier weiteren Staaten des Landes. Was sich für den Verkauf von Marihuana jedoch als hemmend herausstellen könnte, gibt Johnson zu, sei die Verordnung, dass die grüne Arznei in einem Bundesstaat nur verkauft werden dürfe, wenn sie dort auch angebaut und verpackt worden sei. Der libertäre Geschäftsmann ist sich aber sicher, dass sich die Marihuana-Gesetzgebung in seinem Land im Umbruch befindet. Der Trend zur Legalisierung und Liberalisierung sei nicht mehr aufzuhalten. Dabei gibt sich Johnson keinen gutmenschlichen Illusionen hin. Als Businessman möchte er Geschäfte machen. Dass seine Produkte nicht nur von Krebspatienten wegen der antikarzinogenen und schmerzlindernden Wirkung nachgefragt werden, ist ihm vollkommen klar. „Die meisten Leute wollen einfach nur high werden“, erklärt er offenmütig. Und Johnson möchte einfach wieder ein erfolgreicher Geschäftsmann sein. Eine Win-win-Situation: für die Kiffer und für Johnson. Seine sieben Prinzipien auf seinem kleinen Zettel hat er deshalb wohl um ein achtes ergänzt: Kiffer bringen Kohle.

Doch auch im Cannabusiness herschen die strengen und erbarmungslosen Regeln des Marktes. Nur die besten machen auch wirklich einen Reibach, während die Mittelmäßigen peu à peu aus dem Wettbewerb ausscheiden. Nach dem Willen Johnsons soll seine Firma brennbaren Stoff anbieten, der schon bald wie der Dom Pérignon unter Weinfreunden als echter Edelstoff unter den Kiffern herumgereicht werden soll. Den Wirren aus den Zeiten des Schwarzmarktes soll nun endlich ein Ende gemacht werden. Während man früher nicht genau wusste, was einem auf der Straße für zum Teil schrille und auch gefährliche Mogelpackungen angeboten wurden, herrschten jetzt die heilenden und disziplinierenden Marktkräfte. Cannabis sativa, das Edelgras, dem Johnsons Firma ihren Namen zu verdanken hat, könne nun viel einfacher legal kultiviert und verkauft werden. Der bei Kiffern unbeliebte und für ein beschwingendes High eher untaugliche Indische Hanf (Cannabis indica) werde in Bälde völlig vom Markt verschwinden. Vorurteile über „Dope“ abbauen und qualitativ hochwertige Produkte an den Mann bringen, sind erklärte Ziele Johnsons, der immer wieder betont, dass Gras doch viel sicherer als andere harte Drogen wie zum Beispiel Alkohol sei. Dabei möchte auch Johnson weder Alkohol verteufeln noch Marihuana als problemlose Zauberpflanze in den Himmel jubeln. Nichts sollte exzessiv konsumiert werden. Rauchen sei generell nicht ganz unproblematisch, und Johnson weiß wie kaum ein anderer, wie wichtig es ist, auf seine Gesundheit zu achten. Der Trend zeige aber, dass essbare Hanfprodukte den klassischen Joint immer weiter verdrängen. Johnson scheut nicht davor zurück, sein geliebtes Gras auch öffentlich gegen Kritiker zu verteidigen. Während einer Panel-Diskussion musste er sich Angriffe wegen seiner Haltung gefallen lassen. Marihuana sei gefährlich, besonders für Jugendliche, der Graskonsum erhöhe die Wahrscheinlichkeit, einen Herzanfall zu erleiden. Johnson antwortete nicht etwa mit statistischen Daten oder dem Zitieren von klinischen Studien, er schmiss sich spontan zu Boden, während er sich dabei ans Herz griff. Lachen und Beifall aus dem Publikum. Der 62-jährige Freizeitsportler hat mit dieser kleinen Einlage nicht nur für Kopfschütteln bei den einen und Sympathien bei den andern erzeugt, sondern auch Schlagzeilen generiert. Johnson weiß sich in Szene zu setzen.

Während der libertären Präsidentschaftsdebatte auf Fox Business musste sich Johnson gegen den Junglibertären und Internetstar Austin Petersen und den Antivirensoftware-Mogul John McAfee durchsetzen. Johnson hatte wahrlich die beachtlichste Eingangsrede auf dem Parkett gehalten: zweifacher Familienvater, zweifacher Gouverneur, Bezwinger der höchsten Berge auf allen sieben Kontinenten. Johnson ist der Star unter den Libertären. Er versteht es, den Nerv des jungen libertären Publikums mit bestimmten Reizwörtern zu kitzeln. Nach ein paar Eingangsfragen wurde es ernst: eine Frage zur Außenpolitik. Wie würde Johnson mit der Terrortruppe IS umgehen? Man müsse ihre Finanzierung kappen, so der ehemalige Bauunternehmer. Um Militäraktionen zu legitimieren, sei der Kongress gefragt – dieser müsse dem IS den Krieg erklären. Hat Johnson gerade zu einem Krieg aufgerufen? Vielleicht war es auch nur eine Abfolge von Versprechern, aber Johnson klingt in außenpolitischen Fragen oft wie ein McCain light. Die Reaktion des Publikums ist diesmal deutlich verhaltener. Die meisten jungen Libertären wollen wohl am liebsten niemanden mehr bombardiert sehen und keine Länder mehr angreifen, deren Namen die meisten Amerikaner weder korrekt buchstabieren noch in vertretbarer Zeit auf der Weltkarte finden können. Humanitäre Militärmissionen haben sich bisher alle als Mogelpackungen herausgestellt. Johnson verhält sich zu dem Thema beachtlich naiv und beweist eine fatale Offenheit gegenüber der Aktionsbereitschaft des Pentagon.

Doch die wohl allzu große außenpolitische Inkonsistenz wird Johnson zumindest in der libertären Präsidentschaftsdebatte nicht als Schwäche angelastet. Als es darum geht, die Schattenseiten der einzelnen Kandidaten aufzugreifen, gerät Johnson dennoch in die Defensive. Er sei schon einmal als Präsidentschaftskandidat angetreten und damals grandios gescheitert. Dazu habe er selber zugegeben, sich ab und an dem süßen Marihuanaqualm hinzugeben, so die Kritik. Letzteres kontert Johnson mit einem Verweis auf seine knapp 30-jährige Alkoholabstinenz. Man könne auch ohne zu trinken und mit ein wenig Gras glücklich werden. Man dürfe es nur nicht übertreiben. Als der Moderator auf die kriminelle Vergangenheit des libertären Gegenkandidaten und Programmentwicklers McAfee zu sprechen kommt, erscheint Johnson neben diesem wie ein frommer Musterknabe. Als der Moderator mit der langen Aufzählung der Gesetzesverstöße McAfees wie Drogeneinfluss am Steuer und heftigeren Vorwürfen, darunter Mord, endlich fertig ist, küsst Johnson diesen auf die Wange. Ob er damit sein Mitleid oder gar Respekt ausdrücken wollte, darüber lässt sich spekulieren. Ob man einem Gary Johnson nun die Präsidentschaft anvertrauen könne, möchte der Moderator wissen. Das könne man heutzutage ganz leicht online feststellen, so Johnson. Auf einer Webseite, die dem deutschen Wahl-o-Mat entspricht, könne man testen, mit welchem Kandidaten man am ehesten übereinstimmt. Der sportliche Unternehmer habe es neulich selber versucht ,und siehe da: 90 Prozent Übereinstimmung mit Gary Johnson. Inzwischen habe man den Fehler aber behoben. Die Parameter seien wieder korrekt eingestellt. Zweifel seien Johnson allerdings wieder gekommen, als er gesehen habe, mit welchem anderen Präsidentschaftskandidaten er am ehesten übereinstimme: dem sozialistischen Senator aus Vermont, Bernie Sanders. Die über 73-prozentige Trefferquote sei dadurch zu erklären, dass beide in gesellschaftlichen und außenpolitischen Fragen sehr ähnliche, liberale Ansichten verträten. Dazu gehöre Sanders neuerlicher Einsatz für die Legalisierung von Marihuana und die Befürwortung einer Straffreiheit bei Abtreibungen. „Es gibt da eine wahre Verbundenheit“, so der ehemalige Gouverneur. Als das Wort dann an den Mitstreiter Austin Petersen übergeben wird, der sich noch Minuten zuvor für sein junges Alter rechtfertigen musste

(35), setzt dieser zu einem Seitenhieb auf Johnson an: „Der Gouverneur hat erklärt, er stehe auf der Seite von Bernie Sanders in Gesellschaftsfragen, doch er hat auch gesagt, dass Bäcker gezwungen werden sollten, Hochzeitstorten für Leute zu backen, mit denen sie nicht einer Meinung sind – mit homosexuellen Paaren. Und das ist ein großes Problem, weil wir hier als Libertäre antreten."

Petersen bezog sich auf eine Aussage Johnsons, die er in der Diskussion um Hochzeitskuchen gemacht hatte. Die Betreiber einer Bäckerei im Bundesstaat Oregon, die für besondere Anlässe Kuchen und Torten anbietet, hatten sich im Januar 2013 geweigert, einem lesbischen Pärchen eine Hochzeitstorte zu backen. Es entbrannte ein Rechtsstreit, der erst Ende 2015 ein Ende fand und eine Debatte im ganzen Land auslöste. Sind Bäcker verpflichtet, jeden Kunden zu bedienen? Gibt es ein Recht auf Diskriminierung? Die Behörden in Oregon entschieden ganz klar nein und verurteilten die bockigen Zuckerbäcker zu einer Entschädigungszahlung an das beleidigte Pärchen in Höhe von 135.000 Dollar. Nachdem sich ein ähnlicher Fall von Konditorendiskriminierung in Colorado wiederholt hatte, liefen nicht nur die Nachrichtenportale und konservativen Diskussionsseiten im Internet heiß, besonders die Libertären sahen mehrheitlich das Recht auf Diskriminierung und die Vertragsfreiheit mit Füßen getreten. Gary Johnson aber sieht das alles völlig anders. Man habe nicht das Recht, jemanden beispielsweise aufgrund seiner Religion zu diskriminieren. Besonders Muslime sieht er in dieser Frage auch in den USA als gefährdet. Man dürfe jemanden wegen seines Gestanks oder wegen barfüßiger Straßenakrobatik diskriminieren, bei Religion höre der Spaß aber auf, so Johnson. Ob er da nicht sexuelle Orientierung mit religiösen Gefühlen verwechselt? Mitstreiter Petersen fordert eine Klarstellung: „Sollte ein jüdischer Bäcker auch eine Nazitorte backen müssen?“ Als die Frage während Johnsons Ausführungen über religiöse Diskriminierung droht, in seinem Monolog unterzugehen, interveniert der Talkmaster und wiederholt die Frage des Kontrahenten. Johnson bleibt nun nichts anderes übrig, als diesem absurden Szenario zuzustimmen. Die ersten Buhrufe raunen durchs Publikum. Johnson verschanzt sich wieder hinter dem Religionsargument und führt das fiktive Beispiel eines örtlichen Monopolisten an. Die Trillerpfeife, die die Rednerzeit streng auf eine Minute begrenzen soll, ertönt und lässt den Eindruck entstehen, sie werde wohl auch für den Fall geläutet, hanebüchene Argumentationsschwalben zu sanktionieren. Vom Publikum gibt es für Johnson aufgrund seines prinzipienlosen Ausfalls zumindest eine gelbe Karte. Manch einer hätte ihn wohl auch gleich auf die Strafbank verwiesen.

Beim Thema Abtreibung ist dann zumindest Antiviren-König McAfee auf seiner Seite. Als Frau habe man das Recht, über seinen Körper selbst zu entscheiden. Die Frage der Abtreibung sei eine der schwierigsten, die eine Schwangere zu bewältigen habe, und der Staat habe schlicht nicht das Recht, sich in diese Angelegenheit einzumischen. Manch einer hätte den beiden Herren spätestens bei ihrer negativen Bewertung der Todesstrafe so etwas wie Bigotterie oder Doppelzüngigkeit vorgeworfen. Doch die beiden Herren sind Unternehmer. Sie denken analytisch und handeln praktisch. Sich in einer Frage einer endgültigen Antwort zu versperren, würde ihnen in ihrem Geschäftsalltag nicht unbedingt zugutekommen. Bei der Frage nach der Einführung der Homoehe führt Petersen wohl die libertärste Lösung ins Feld: „Macht die Ehe wieder zu einer privaten Angelegenheit, und es möge heiraten, wer will." Johnson sieht das kritisch. Die Ehegesetzgebung beschränke sich ja nicht auf eine Handvoll Paragraphen, sondern berühre viele Tausend weitere Bestimmungen und Gesetze. Es sei einfach praktischer, die staatliche Homoehe zu erlauben. Eine Gesetzesänderung oder ein höchster Richterspruch würde somit die komplizierte Abänderung unzähliger Gesetze überflüssig machen, um eine Entstaatlichung der Ehe zu ermöglichen, so der Präsidentschaftskandidat. Er denkt auch hier wieder politisch anstatt konsequent libertär. Doch Johnson wäre nicht Johnson, wenn er nicht auch mit dem Kopf eines klugen Unternehmers denken würde. Seiner Haltung, unbegrenzte Migration in den Arbeitsmarkt zu ermöglichen, verleiht er einen geschickten Spin, indem er die Aufmerksamkeit auf das Unternehmertum lenkt.

Dessen Zukunft heiße Uber. So wie das völlig entfesselte und deregulierte Taxikonzept, das ohne Mittelsmann auskommt, werde in Zukunft die komplette Gesellschaft funktionieren. „Uber-Ärzte", „Uber-Elektriker" und „Uber-Klempner". Den Dienstleistern sollen in Zukunft Leistungen direkt vom Kunden vergütet werden, ohne Provisionen an einen Dritten zu verlieren. Ähnlich funktioniere das Konzept Airbnb, wonach Zimmer und Apartments privat angeboten werden. Immer mehr Wege würden sich eröffnen, so Johnson optimistisch, die es ermöglichen, das eigene Einkommen aufzubessern. Die Devise laute, die Regierung habe sich schlicht herauszuhalten. Jetzt ist das Publikum begeistert. Nur die Frage um den Verkauf von Kalorienbomben scheint den Leistungssportler

irgendwie aus dem Takt zu bringen. Nicht ganz taktvoll auch die Diskussion um das Waffenrecht. Obwohl sich alle drei Kandidaten einig in ihrer Verteidigung des Rechts auf Selbstbewaffnung sind, stößt Johnsons kritische Haltung gegenüber einem möglichen Verkauf von Schusswaffen an geistig Eingeschränkte auf harsche Kritik. „Wer soll denn entscheiden, wer geistig instabil ist? Die Regierung etwa?“, tönt der Mitbewerber Petersen. Beim Thema Drogen kann Johnson dafür wieder punkten. Eine kritische Frage vom zugeschalteten Fox-Moderator und Haudegen Bill O’Reilly, wie die Kandidaten eine Legalisierung von Heroin in den USA in den Griff bekommen wollten, wo doch die katastrophalen Folgen des Drogenmissbrauchs bereits jetzt schon zu sehen seien, gibt die Steilvorlage. Auch wenn er sich mit härteren Substanzen wahrscheinlich nicht so gut auskenne wie sein Parteikollege McAfee, weiß Johnson mit einer Anekdote aus seiner Amtszeit die libertäre Meute von seiner Kompetenz zu überzeugen. Der Polizeichef von Zürich habe ihm auf einer Konferenz höchstpersönlich von dem Erfolg berichtet, den die Schweizer mit der gesetzlichen Freigabe von Heroin gemacht hätten. Weniger Drogentote und Kriminalität seien die Folge gewesen.

Ein noch viel aufsehenerregenderer Insiderbericht wird allerdings von Mitstreiter McAfee vorgetragen, der in der Frage, ob Prostitution legalisiert werden solle, auf seine eigene Frau verweist. Diese sei in das Gewerbe gezwungen und nach zehnjähriger Tätigkeit von dem libertären Ex-Alkoholiker gerettet und schließlich geheiratet worden. Eine derartige Offenheit und Ehrlichkeit, eine Atmosphäre, in der die Zustimmung zu einem Krieg schwerer wiegt als private Eskapaden und eingestandene Charakterschwächen – in der libertären Partei scheinen all diese Dinge selbstverständlich. Bis ein Libertärer im Weißen Haus sitzt, ist es aber noch ein langer, steiniger Weg.

Propaganda 2016

Die Politikverdrossenheit, der Unmut über die Regierung und sogar die Zweifel am politischen System haben einen vorläufigen Höhepunkt erreicht. Das demokratische System lebt von der Partizipation. Die Wahlbeteiligung in den USA ist von 81Prozent (1860) auf 55 Prozent (2012) gefallen – 1996 waren es sogar nur 49 Prozent. Ein System, das sich immer mehr selbst ad absurdum führt, ist verzweifelt auf die Zustimmung der Bevölkerung angewiesen. Konservative, die sich von den Republikanern und Sozialliberale, die sich von den Demokraten nicht mehr repräsentiert fühlen, suchen seit geraumer Zeit nach Alternativen.

In George Orwells Roman „1984“ spielt die Figur Emmanuel Goldstein die Rolle des Systemkritikers. Wikipedia schreibt: „Er ist ein ehemaliges Parteimitglied, aber der ‚Staatsfeind Nummer eins‘.“ Eine ähnliche Rolle nimmt heute Donald Trump ein. Das „ehemalige“ Mitglied des Establishments ist heute sein größter Gegner. Manche befürchten gar, dass sein Leben in Gefahr sei. Wie Goldstein will auch Trump eine Konterrevolution anführen und gegen die herrschende Political Correctness ankämpfen. Er ist auch ein tapferer Kämpfer gegen „illegale Einwanderung“ und den „Klimaschwindel“. Er ziert die Titelseiten der „Alt-right“ – der Alternativen Rechten, die von der Establishment-Rechten enttäuscht ist. Wikipedia schreibt weiter über den politischen Querdenker aus

Orwells Roman: „Goldstein und die Bruderschaft sind möglicherweise eine von der Partei geschaffene Illusion, ein Köder, der Abweichler anziehen soll, damit es für die Gedankenpolizei leichter wird, potentielle Gedankenverbrecher zu fassen.“ Interessant ist auch, wofür die Figur noch nützlich ist: „Er ist auch als einziger Oppositioneller nicht zur Unperson erklärt worden, da seine Funktion als Feindbild für das System unentbehrlich ist.“

Statt Goldstein oder Trump aus dem Scheinwerferlicht zu verbannen, wird ihnen so viel Aufmerksamkeit wie möglich zuteil. Sie sollen nicht wie ein Ron Paul ignoriert werden, sondern als leuchtende Feindbilder zur Abschreckung dienen. Und diejenigen, die sich vom System abgewandt hatten, folgen seinem Stern wie die Motte dem Licht. Am Schluss hat das System wieder alle aufgefangen. Die amerikanische Wählerschaft lässt sich grob in drei Gruppen aufspalten: Erstens diejenigen, die vom System enttäuscht sind und Trump für den Erlöser halten. Zweitens diejenigen, die Trump für das kleinere Übel halten. Drittens diejenigen, die Trump für das Übel halten. Es wird ausreichen, die öffentliche Meinung so weit zu manipulieren, dass die dritte Gruppe die Oberhand gewinnt. Emotionen sind der Schlüssel dieses Wahlkampfs.

Die Fans des Präsidentschaftsbewerbers Bernie Sanders haben gejubelt und geweint, als er als unterlegener Kandidat eine Rede auf dem Parteitag der Demokraten gehalten hat. Er hat es geschafft, seine Anhänger für die Unterstützung Hillary Clintons zu gewinnen, indem er vor der Gefahr durch Donald Trump gewarnt hat. Trump ist der Gorilla im Ring, und Clinton übernimmt die Rolle der Zoowärterin. Indem sie zu Trumps Bezwingerin wird, gewinnt die alte Frau bei den schwachen Massen an Autorität. Das amerikanische Rezept – The winner takes it all – wird sich auch dieses Mal durchsetzen. Aufgrund von Clintons skandalösem Mangel an Glaubwürdigkeit und Charme muss sie diese durch geborgte Glaubwürdigkeit und Emotionen ausgleichen. Das gelingt ihr zum einen durch die Unterstützung durch Bernie Sanders, der als glaubwürdigster und authentischster Kandidat wahrgenommen wird, sowie durch ihre Beschützerfunktion vor der „faschistischen" Gefahr durch Donald Trump. Propagandistisch wirksam wird ihre Rolle als Beschützerin durch rhetorische Techniken. Hillary Clinton sprach in ihren Reden wenig von sachlich relevanten Themen, sondern vor allem von künstlichen Gefahren. Ihrem Rivalen Trump hat sie so viel Aufmerksamkeit geschenkt, dass „Time" ihrem Vortrag zur Außenpolitik von Anfang Juni 2016 die bezeichnende Überschrift verlieh: „Rede über Donald Trump und die Nationale Sicherheit".

Wie bereits Le Bon vor über 100 Jahren feststellte, ist „die reine, einfache Behauptung ohne Begründung und jeden Beweis ein sicheres Mittel, um der Massenseele eine Idee einzuflößen. Je bestimmter eine Behauptung, je freier sie von Beweisen und Belegen ist, desto mehr Ehrfurcht erweckt sie." So begann Clinton ihre Brandrede mit der angeblichen Feststellung: „Donald Trumps Ideen sind nicht einfach anders – sie sind auf gefährliche Weise unzusammenhängend." Es seien nicht einmal nur Ideen, sondern „eine Aneinanderreihung bizarrer Tiraden, persönlicher Fehden und unverblümter Lügen“. Damit verbindet der Zuhörer den Namen „Trump“ mit den Schlagwörtern „gefährlich“, „bizarr“ und „Lügen“. In den unbedarften Köpfen entsteht ein hässliches Bild vom politischen Gegenspieler. Dabei muss das Gesagte ständig wiederholt werden. Le Bon schreibt: „Die Behauptung hat aber nur dann wirklichen Einfluss,wenn sie ständig wiederholt wird, und zwar möglichst mit denselben Ausdrücken. Napoleon sagte, es gebe nur eine einzige ernsthafte Redefigur: die Wiederholung. Das Wiederholte befestigt sich so sehr in den Köpfen, dass es schließlich als eine bewiesene Wahrheit angenommen wird.“ So endet der Angriff auf den politischen Gegner nicht gleich mit der ersten Zeile, sondern wird bis zum Schluss der Rede wiederholt. In ihrem halbstündigen Vortrag wird Donald Trump in verschiedenen Variationen insgesamt 89 Mal genannt.

Hillary Clinton ist keine These, sie spielt die Antithese. Es ist ein Wahlkampf, der der Hegelschen Dialektik und mitnichten gängigen Manieren folgt. So widersprechen im Falle Trumps persönliche Attacken unter der Gürtellinie nicht etwa dem guten Stil, sondern sie sind längst Teil der populären Kultur geworden. Wohl kein Kandidat in der Geschichte der amerikanischen Präsidentschaftswahlkämpfe musste sich so viel Spott und Hohn gefallen lassen. Durch Trumps öffentliche Brandmarkung als geistig Herausgeforderter müssen seine Thesen gar nicht aktiv entkräftet werden. Sie finden meist eine indirekte Widerlegung: Sie stammen von einem „Wahnsinnigen“, also können sie nicht wahr sein. Das Gefährliche bei diesem teuflischen Spiel ist: Auch die vernünftigen und richtigen Argumente, die Trump aufgreift, verlieren an Glaubwürdigkeit und politischer Relevanz. „Klimaleugnung", „niedrige Steuern" und für so manche „sichere Grenzen" tragen fortan den Stempel „TRUMP" und gelten damit als nicht gesellschaftsfähig oder diskussionswürdig. Mit der Niederlage Trumps wird dieser Zustand eher noch zementiert. Und wenn Trump seine eigene Rivalin angreift und als „Crooked Hillary" bezeichnet, greift der Hegelsche Trick auch hier. Die Gegner Trumps fallen in die Contrarian-Trap: „Wenn Trump behauptet, Hillary sei schlimm, kann sie so schlecht nicht sein." Ebenso lautet der Fehler der Clinton-Gegner: „Wenn Trump sagt, Hillary sei schlimm, kann Trump so schlecht nicht sein."

Trotz der eindeutigen dialektischen Einteilung der Wahlkampfteilnehmer in These und Antithese lässt sich nicht ausschließen, dass der amerikanische Präsidentschaftswahlkampf 2016 seinen Abschluss in einer Synthese findet. Wer auch immer Präsident wird, ein selbsternannter „Anti-Establishment"-Kandidat wird den Kampf ums Weiße Haus wohl kaum für sich entscheiden. Einen Anhaltspunkt, wer das Rennen für sich entscheiden wird, lässt sich aus folgender Analyse gewinnen: Von drei (ehemals) führenden Wahlkampfteilnehmern – Sanders, Trump und Clinton – haben nur zwei freimütig erklärt: „The system is rigged" – „Das System ist zurechtgebastelt". Eine mögliche Lehre für die Libertären könnte sein, sich ein eigenes System zurechtzubasteln.

eigentüm

Eigentum

und Recht

und Freiheit

lich frei